闪烁的遗迹
文物抢救保护三十年

中国政法大学李玺文教授题

日出東方朝陽文物求索集

庚子季冬李玺文題

中国政法大学李玺文教授题

闪烁的遗迹

文物抢救保护三十年

曹彦生 / 著

上

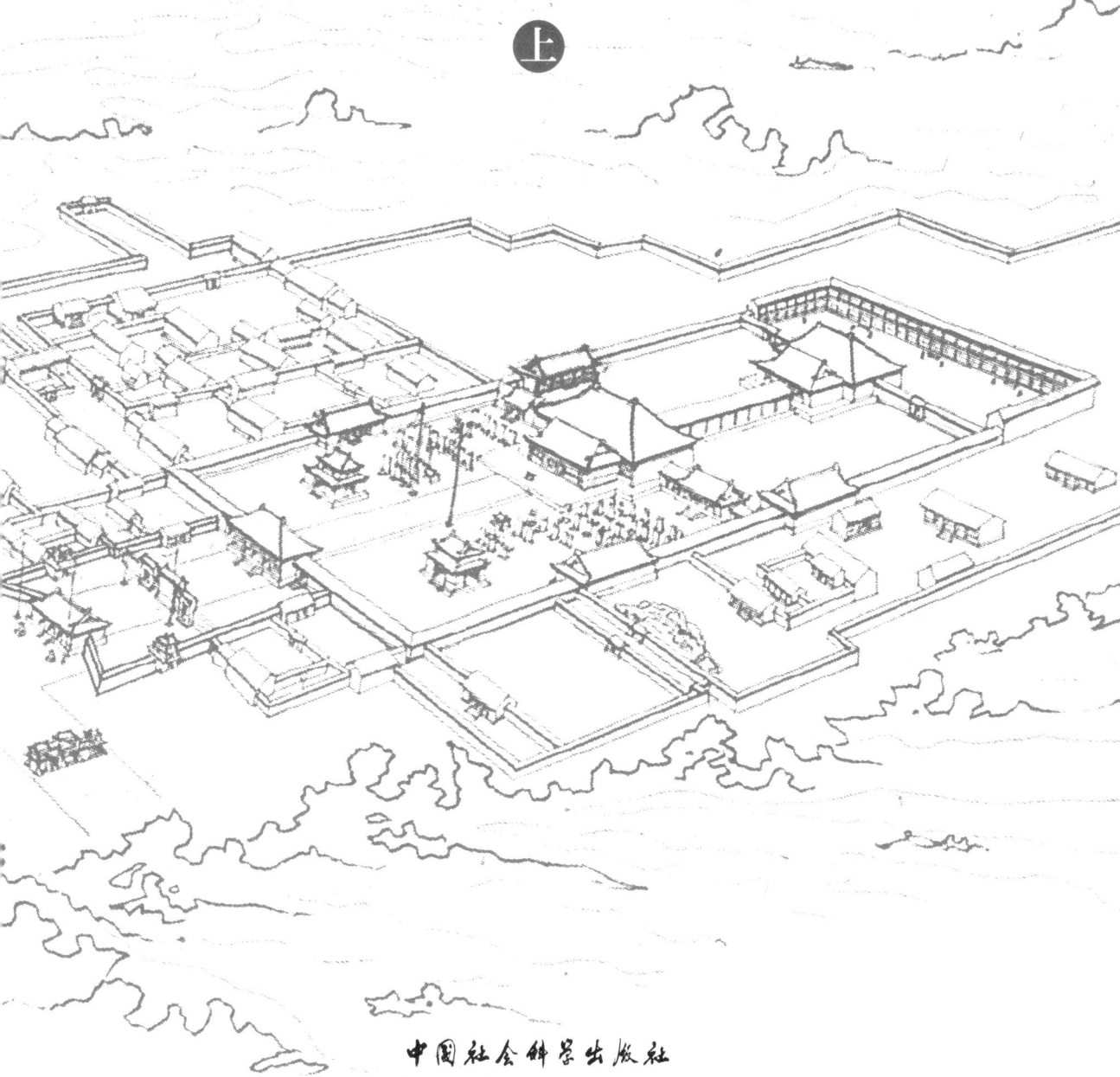

中国社会科学出版社

图书在版编目(CIP)数据

闪烁的遗迹：文物抢救保护三十年：全二册/曹彦生著.—北京：中国社会科学出版社，2023.11
ISBN 978-7-5227-2869-8

Ⅰ.①闪…　Ⅱ.①曹…　Ⅲ.①文物保护—中国—文集　Ⅳ.①K87-53

中国国家版本馆 CIP 数据核字(2023)第 242770 号

出 版 人	赵剑英
责任编辑	张　潜
责任校对	贾森茸
责任印制	王　超

出　　版	中国社会科学出版社
社　　址	北京鼓楼西大街甲 158 号
邮　　编	100720
网　　址	http://www.csspw.cn
发 行 部	010-84083685
门 市 部	010-84029450
经　　销	新华书店及其他书店
印刷装订	三河市华骏印务包装有限公司
版　　次	2023 年 11 月第 1 版
印　　次	2023 年 11 月第 1 次印刷
开　　本	787×1092　1/16
印　　张	27.75
字　　数	475 千字
定　　价	258.00 元(全二册)

凡购买中国社会科学出版社图书，如有质量问题请与本社营销中心联系调换
电话：010-84083683
版权所有　侵权必究

自 序

"人生一世，草木一秋。来如风雨，去如微尘"，从进入文博界工作一晃已达30年，可谓择一事终一生！

来自内蒙古农牧结合地区的我，好像自小就与寺庙结缘。出生后，排行老五的我，体弱多病，被父亲带到辽代洞山庙，寻医求名。道士说我前世为道童，与道家有缘，遂给了"法利"这一乳名。

像谶语又像定数，如一颗种子埋入心田，又如神力指引，少年起便对古物兴趣浓厚，及至大学报选专业，主动报考中央民族学院历史系中国史专业。毕业后做了四年教师，才发现自己的志向是文博工作，于是再次走进中央民族大学研究生院，投报中国辽金史名家李桂芝教授门下，三年苦学后于1994年机缘巧合被分配到北京市石景山区法海寺文保所工作，从此投身文化遗产保护研究、博物馆策展宣传、文物研究鉴赏等基层文博工作，主持修缮石景山区田义墓、承恩寺、慈善寺等。1999年，工作调至北京民俗博物馆，负责策划东岳论坛、东岳庙庙会、北京民俗文化节、端午民俗文化节、中秋民俗文化节等今日闻名京城甚至在全国小有名气的庙会、节日文化活动。2003年调至朝阳区文物管理所，一年后主持文物科、文物所工作。时值2008年北京奥运会筹办之际，主场馆集中在北京朝阳区，面对大拆大建的大片大片开发地，北京第一次面临自新中国成立以来城乡结合部文化遗产的保护难题，那就是如何做好地下文物抢救、地上古迹抢修？经过五年的探索，我们创造了地上文物"不求所有，但求所在"，地下文物全面考古勘探的朝阳文化遗产保护模式，也为农村城市化进程中对文化遗产保护实施"保护第一，合理利用""让文物活起来"等方案，进行了前瞻性的探索。

今天，让国人敬畏的"北京最牛钉子户——北顶娘娘庙"，奥运史上唯一的奥运村长办公室龙王庙，让现代化奥运媒体村为之改变图纸并以之为中心的弥陀

◆ 自　序

古寺，其他诸如太清观、来广营关帝庙、来广营娘娘庙、清河营娘娘庙、东湖关帝庙、北湖娘娘庙、南湖娘娘庙、上辛堡关帝庙、上辛堡娘娘庙、东辛店娘娘庙、善各庄关帝庙、南磨房关帝庙、高碑店将军庙、高碑店龙王庙、慈云寺关帝庙、双龙寺、乐家花园、东岳庙、南下坡清真寺、八里庄清真寺、常营清真寺、潘家园肃王坟、王四营肃王坟、山东义园、乌雅氏家族碑林、平津闸等近30处文物古迹得以抢修并常留人间。2008年奥运会结束后，朝阳区委、区政府奖励我一枚沉甸甸的个人"北京奥运突出贡献奖"金牌，可谓组织对自己在文化遗产保护上所做贡献的最好肯定！

面对一处处零散破败而史书、地方文献又难以查找的村中小庙，借助全国第三次文物普查试验区契机，我将登记的文保项目106处，新发现的9处，撰写了普查队长手记80篇，近20万字，在《朝阳报》《朝阳文史》上进行了连载，为后来文物出版社出版的《朝阳文物精粹》奠定了坚实基础，更为本书的出版立下了框架。

2011年国庆，组织上任命我为北京民俗博物馆馆长，后又兼任书记至今。自上任后，我带领北京民俗博物馆的同事守正创新、融合发展，获得"首都精神文明单位""北京市非物质文化遗产保护贡献奖""北京市文物安全工作先进单位""安全工作集体三等功""首都文化和旅游紫禁杯先进集体""首都市民学习品牌""北京市工人先锋号""全国文化遗产旅游百强案例"等荣誉。我也荣获了"北京市文物安全工作先进个人""北京市文化工作先进个人""首都环境建设突出贡献个人""北京最美文物守护人""朝阳区凤凰人才——文化领军人才""朝阳区文化带头人"等荣誉称号。

作为一名文化遗产守护者，主持东岳庙西路修缮、东岳庙中路修缮、北顶娘娘庙三四进院配殿复建及一二进院修缮、北顶娘娘庙安防工程和消防工程等文物修缮20余项。作为北京唯一国办民俗专题类博物馆馆长，多措并举致力于传统文化传播。以文物线上线下展览为平台，构建"文物活起来"大格局。主持并推出"传统中医药行业器具文物展"等传统文化主题展58部；携"华衣冠佩——北京民俗博物馆金银佩饰精品文物展""中国民间佩饰（刺绣类）精品文物展"两部展览，沿丝绸之路、草原丝路、海上丝路、茶马古道四条古丝路，在昆明、贵阳、石嘴山、昭通、包头、鄂尔多斯、泉州、宝鸡、南通、淮安、杭州等节点城市开展"一带一路"系列交流展，自2020年以来，展览通过新华社现场云、腾讯视频等

15家平台开展直播，累计关注量达400万人次；先后引进10余家博物馆的15部精品展览，让首都市民在北京民俗博物馆欣赏到全国各地的精品文物。疫情期间，积极探索博物馆发展新模式，每年举办6场传统节日主题线上展览，用文物讲述传统节日，线上展通过新华社现场云、央视频、今日头条等10余个平台播出，点击量达2000余万次；同时牵头全国60余家文博机构推出线上传统节日主题文物接力活动，活动登上微博热搜榜，话题点击量累计1500多万次。展览在受到社会各界关注的同时，也得到了专业认可，"传统中医药行业器具文物线上展"荣获2021年度北京市优秀展览评选活动优秀云展览，"虎啸龙吟——北京民俗博物馆馆藏虎生肖文物展"获得2022年度北京市博物馆优秀展览特别奖。

以传统节日节气为载体，大力传播弘扬优秀文化。以春节、清明节、端午节、七夕节、中秋节、重阳节等传统节日为抓手，举办10余届"我们的节日"系列文化活动，深受广大市民喜爱。主持《二十四节气》大型原创民俗文化演出，24场演出在中国国际教育电视台向全球150多个国家、地区播出，及央视频、京视网等网络播出后，观看量达4亿多人次。2022年冬季奥运会期间，参与录制"技艺时光""雪舞新年"两部专题宣传片，节目分别在北京冬奥官方平台的18家中、法、英频道播出；北京冬奥会开幕式当天，在CCTV5《冬奥开幕式特别节目》中展示馆藏冰雪运动文物，助力冬奥宣传。多次作为受邀嘉宾，在中央电视台、中国国际教育电视台、北京电视台等栏目传播传统文化，其中CCTV4的《你知道这些牛年冷知识吗?》节目、学习强国的"无庙会不春节——北京民俗博物馆馆长陪你过大年"和"《漕运文化研究》：尽览千年漕运兴衰"一经播出，引发强烈反响。

以传统文化项目为抓手，文明互鉴，打造首都传统文化的国际文化交流中心。带领"幡鼓齐动十三档"中的舞龙舞狮团队赴希腊参加有180余年历史的2019帕特雷市嘉年华演出活动，好评如潮，现场参加人数近4万人，首次巡演的中国龙狮队在结束前被请到主会场舞台，伴随漫天的烟花留下了龙的传人高光时刻。发挥专业特长，考证东岳庙东路义学传统，开办东岳书院，引进东岳雅集、大国工匠、东岳美术馆等品牌，打造传统文化的国际化交流平台。博物馆东岳雅集借助茶道、汉服、舞狮等项目，先后与东盟、智利、印尼等国家（地区）共同举办国际交流活动近10场，向全世界展现了中华传统文化的独特魅力。疫情期间，创新尝试利用"天然驱秽香"助力中外各界疫情防控。分别走进马来

自 序

西亚、摩洛哥、委内瑞拉、埃及等9家驻华大使馆和朝外街道、东方综合养老院、北京地坛医院、蟹岛度假村等开展捐助香品慰问活动，共赠送70余万支"天然驱秽香"、香料、香包及口罩等防疫物资，用传统文化实践助力疫情防控。

注重调查研究，在国家学术期刊发表研究红山文化、北方游牧民族文化传承、历史地理、文物保护、史迹考证等方面的学术论文20余篇，其中《北方游牧民族勒勒车的传承》荣获《光明日报》、中央党校、北京大学评选出的全国优秀学术论文。主编《中国匾额保护与文化传承论文集》《北京东岳庙楹联荟萃》《漕运文化研究》等学术、专业书籍10余部。文物学术研究方面参加撰写《长城百科全书》《民国时期商业俗文化》《北京民政志》《漕运文化研究》等书籍。主编并作序《阅旨——徐州圣旨博物馆精品文物展》《观瓷——华夏遗珍古瓷文明展珍品集》《明鉴——大名芳华官窑瓷器展》《明鉴——吉光片羽明代瓷器标本展》《印证朔方——古代青铜印文物展》《天晴——汝瓷、汝州青瓷》《丝绸之路——精品文物展》《中国匾额保护与文化传承论文集》《草原丝路——内蒙古明博草原文化博物馆精品文物展》等文物出版物。主编《漕运文化研究》《高碑店村民俗文化志》《北京东岳庙楹联荟萃》《华香论坛学术会议论文集》等文物出版书籍10余部。总策划、监制《北京寻五顶》3集的出版。发起"民俗馆里触摸时光""民俗知时节""红墙瞻岱""红色文物话百年"等多个主题活动，累计话题阅读量800余万次。

汪曾祺曾说一句话，"人总要待在一种什么东西里，沉溺其中，苟有所得，才能证实自己的存在，切实地活出自己的价值"。

文博工作30年，凭借对这项事业深深的热爱，除了抢救性保护了一批亟待修缮的文物古迹，还打造了一批深受市民喜爱的传统文化活动品牌，凭借对专业研究的执着，出版了一系列学术著作，真正实践了用文化点亮生活、用文化滋养精神、用文化培育美德的初心和梦想。如乳名"法利"一般的定力，30年首都基层文博工作，除了在闻名全国的全国重点文物保护单位石景山区法海寺、朝阳区东岳庙佛道寺庙工作外，主要就是从事寺庙古迹的抢救修缮工作。蓦然回首，面对30余处抢救下来的古迹，常常萌发出无愧于祖宗、无愧于子孙的自豪和骄傲，虽有酸甜苦辣，仍以"活出自己的价值"聊以慰藉，故自为序。

曹彦生

二〇二三年农历三月二十八东岳大帝诞辰日写于北京东岳庙

目 录
（上册）

碑刻保护研究

"独角碑"的诉说 …………………………………………………………（3）
"通县界"碑之谜 ………………………………………………………（5）
北京地区独一无二的明代洪熙圣旨碑 ……………………………………（7）
被误称山东会馆的海阳义园 ………………………………………………（9）
葬于武基的明代"建设部长" ……………………………………………（12）
朝阳惊现太平天国时期墓志 ………………………………………………（17）
江宁织造席图库 ……………………………………………………………（19）
双桥革命烈士陵园的二十九名无名烈士 …………………………………（21）
乐成会馆与那桐祠堂 ………………………………………………………（23）
弥足珍贵的东岳庙东廊三件石刻 …………………………………………（26）
难得一见的夫为妻撰的墓志铭 ……………………………………………（29）
平定准噶尔叛乱的"人杰"兆惠 …………………………………………（31）
三次题写墓碑的马骏烈士墓 ………………………………………………（34）
万人送终的陕西协领常保 …………………………………………………（36）
沃岳氏旌表碑的人性光辉 …………………………………………………（39）
一封催人泪下的明代悼书 …………………………………………………（41）
一通200年前的护林禁约碑 ………………………………………………（43）
以"雍正工"名垂青史的户部尚书海望 …………………………………（45）

1

英家坟旧事 …………………………………………………………… (48)

雍正皇帝奶妈的御祭碑 ………………………………………… (51)

与水结缘的西安将军博霁 ……………………………………… (53)

五塔寺内的朝阳石刻 …………………………………………… (56)

内侄为姑父撰写的墓表 ………………………………………… (60)

团结湖公园内的诰赠额公碑 …………………………………… (62)

万达广场上的星纳碑 …………………………………………… (64)

不战而屈人之兵的明代"平胡将军"赵胜 …………………… (66)

东坝驹子房村费扬古墓碑 ……………………………………… (68)

诰命赛必汗、保德叔侄碑 ……………………………………… (71)

图海家族墓碑林 ………………………………………………… (74)

常营清真寺《先母遗言》遗言逸事 …………………………… (75)

寺庙修缮利用

奥运媒体村内的弥陀古寺 ……………………………………… (79)

八里庄清真寺 …………………………………………………… (81)

北皋菩萨庙 ……………………………………………………… (83)

北湖渠天仙庵娘娘庙 …………………………………………… (85)

常营清真寺 ……………………………………………………… (87)

朝外大街消失的十七座庙宇 …………………………………… (90)

隐居朝阳公园内的老君庙 ……………………………………… (92)

板桥双关帝庙 …………………………………………………… (96)

打上来广营烙印的关帝庙 ……………………………………… (98)

东湖渠关帝庙 …………………………………………………… (100)

六世班禅衣冠塔——清净化城塔 ……………………………… (101)

独特称谓的双龙寺 ……………………………………………… (103)

供奉雷神的九天普化宫 ………………………………………… (106)

关西庄关帝庙 …………………………………………………… (108)

荟萃民间俗神的东岳庙西廊 …………………………………… (110)

楼梓庄关王庙	(114)
小郊亭村的普门寺（俗称尼姑庵的普门寺）	(116)
消逝的慈云寺和遗存的关帝庙	(119)
以北京奥运会村长办公室闻名世界的龙王庙	(121)
见证奥运辉煌的北顶娘娘庙	(123)
珍藏奕劻手书匾额的南下坡清真寺	(125)
中西合璧的平房天主教堂	(127)
重修弥陀古寺碑记	(129)
南湖渠兴隆寺	(130)
延寿寺与十方诸佛宝塔	(133)
清河营娘娘庙再现辉煌	(135)
国保东岳庙大小知多少	(136)
古貌新颜的太清观	(139)
京城唯一有据可查神名的东坝娘娘庙	(141)

王府王坟抢修

后迁朝阳的顺承郡王府	(147)
借修慈禧陵之名盗建的张翼祠堂	(149)
肃慎亲王敬敏墓	(152)
通惠河北岸松公坟村佛手公主坟	(155)
架松小区边角地中的显谨亲王衍璜墓	(160)
包衣出身的雍正姥爷卫武墓	(161)

地名源流考证

北京朝阳门外大街溯源	(169)
北京三大古桥之一的八里桥	(175)
从张家花园到乐家花园	(177)
东岳庙远门与CBD文化广场记	(179)

高碑店老闸口系元代郭守敬所建 …………………………………（181）
北平和平解放谈判地——五里桥 …………………………………（183）
黄木厂与神木谣碑 …………………………………………………（184）
金台路不在"金台" …………………………………………………（189）
千年望京何言千年 …………………………………………………（192）
石婆营讹音为石佛营 ………………………………………………（194）
武基源自"五基""吾基" ……………………………………………（196）
武圣路与五圣祠 ……………………………………………………（198）
追根十八里店 ………………………………………………………（201）
北京著名古迹"五坛"之日坛 ………………………………………（203）
寻找延寿宫 …………………………………………………………（205）
遗留在朝阳的元大都土城遗址 ……………………………………（208）

碑刻保护研究

"独角碑"的诉说

奥林匹克公园乌雅氏家族墓西,静静地伫立着一座碑身右角残缺的孤碑,这就是俗称"独角碑"的吴奴春墓"诰封"碑。龟趺几乎全陷于地,长方形缺角非常完整,原镶嵌石料丢失。罕见的"独角碑"系雕碑石料尺寸不够造成,埋于碑底和龟趺之间,明面很难发现,因缺陷而珍贵可谓与西方维纳斯有异曲同工之效!

吴奴春墓"诰封"碑碑阳额部篆刻"诰封"二字,碑尾落款"康熙六年十一月二十六日,内阁纂修、《一统志》誊录、关中叶长芸顿首拜书丹"。碑阴漫漶不清,但碑尾"遵遗命敬镌,贞珉世享拜扫。康熙三十三年五月,内阁纂修、《一统志》誊录、关中叶长芸顿首拜书丹"清晰可见。证明墓主死于康熙三十三年(1694),碑阴为吴奴春墓碑碑记,碑阳所刻康熙六年(1667)十一月二十六日"诰封",系由叶长芸在康熙三十三年吴奴春去世时"遵遗命敬镌"。

据诰封,拜他喇布勒哈番加一级吴奴春,初任壮尼大,二任袭兄拜他喇布勒哈番,三任今职即"以覃恩特授尔阶通议大夫""拜他喇布勒哈番加一级"。吴奴春妻民觉罗氏赠为洲人,继妻董氏封为洲人。壮尼大,有壮大、壮呢达、壮达、专达、撰达、壮尼大六种不同译名,即"一什长也"。拜他喇布勒哈番,清代爵名,原为牛录章京,后称骑都尉,正四品。爵位的承袭有两种,一种叫世袭罔替,所得爵位可世代承袭,由朝廷授予诰命,属于特典之列。通常的世爵均定有承袭次数,一般是每一代减一等,袭次既尽,世爵也就取消。世爵俸禄骑都尉为110两。凡在京八旗世爵,每俸银1两,兼支给米1斛。通议大夫,文散官名,清代正三品概授通议大夫。从正四品的拜他喇布勒哈番"以覃恩特授阶通议大夫",成为正三品官阶的吴奴春,其妻、继妻均赠、封洲人。对于官员之妻,三品称淑人,吻合吴奴春正三品官阶。吴奴春妻民觉罗氏,《清朝通志》载:"宗室、觉罗之外,有民觉罗氏。其族属之众者,冠以地名,如伊尔根、舒舒、西林、通颜之类；散处者，上加民字以不同于国姓也。"

2004年时的吴奴春墓碑

古代对一品至五品的官员称诰，六品至九品称敕。一般都用"锡之诰命""锡之敕命"，诰和敕用不同的玺印。对于官员之妻，一品、二品称夫人，三品称淑人，四品称恭人，五品称宜人，六品称安人，七品称孺人，八品是八品孺人，九品是九品孺人。

康熙《一统志》始纂于康熙二十五年（1686），四十三年（1704），韩菼去世，纂修之事暂停。内阁纂修的品级为从二品，均兼侍郎衔。叶长苞署官衔《一统志》誊录，再次证明吴奴春墓"诰封"碑碑阳刻于康熙三十三年，只不过诰封的时间为康熙六年。

吴奴春生平史志缺载，碑文因酸雨腐蚀而漫漶不清，查《乌雅氏族谱》，并无吴奴春之名，证明其非乌雅氏家族之人。乌雅氏家族之祖卫武葬于雍正六年（1728），说明吴奴春墓早于声名显赫的雍正姥爷卫武立冢时间。

"通县界"碑之谜

清雍正七年（1729），朝廷花银三十四万三千四百八十四两自朝阳门至通州第一次修石道40里。乾隆三十八年（1773）支户部金二十八万四千九百两重修石道，使泥潭变通途，彻底改善了俗称朝阳门外石道、御称"国东门孔道"的路况，提高了运粮的能力。1917年自大黄庄至通县改筑为公路，时名博爱路。20世纪50年代拓宽增修平行路板，并定今名朝阳路；70年代增修人行道和绿化隔离带。2008年5月，负责拓宽朝阳路工程的朝阳区宝嘉恒基础设施投资公司，出于传承历史文化的责任感，主动协调文物部门，做出复立方案，以利于更好地保护文物"通县界"碑。"通县界"碑原无底座，整体被砌于水泥方墩之中，拆出后发现底部本为碑额，浅浮雕灵芝祥云纹，从工艺可断定此碑碑体乃康、雍、乾三代盛世所为，可惜碑额题字被人为刮掉，证明"通县界"碑是利用他碑刮磨改制而成，原碑来自哪里，此为谜案之一。

查阅通县、朝阳地方史志，通县上溯西汉置路县，东汉改"路"为"潞"，曾为渔阳郡治。金天德三年（1151）升潞县为通州，取"漕运通济"之义。明废潞县之名专称通州。清顺治十六年（1659）省郭县入州，仍名通州。民国二年（1913）二月，改名通县；1948年12月通县解放，分置通县、通州市。1958年3月县市由河北省划归北京市后，合并为北京市通州区。1960年复称通县。1997年4月29日，国务院批准撤销通县，设立通州区，区人民政府驻通州镇。

再查证朝阳区沿革，明清时期属顺天府大兴县。民国十四年（1925）改称北京市东郊区，民国十八年（1929）改称北平市东郊区。1958年改称朝阳区，通县所辖常营、管庄、定福庄、双桥、豆各庄、咸宁侯、楼梓庄、公主坟8个乡和康村、羊坊两个村划属朝阳区。

"通县界"碑所立之处在1958年划属朝阳区管辖，界碑不会立于此时。1912年始有"通县"之称，定福庄、大黄庄之间正是通县、大兴县的分界线，1925年北京市东郊区图、1947年北平市郊一区、郊二区图显示分界线未变。"通县界"碑必然立于1912年至1958年。历史上，作为京畿之地的宛平县、大兴县并未发现界碑，而民国时期所立的"通县界"碑究竟立于何年，此为谜案之二。

碑座纹式"路路通"

1928年，国民政府南迁南京后，北京作为首都降格为北平市，1929年与通县接壤的大黄庄一带改称北平市东郊区，通县划为河北省管辖。改他碑做界碑，一是匆忙，二是时局混乱，作为省界的"通县界"碑当立于此时的1929年。

2009年8月中旬，"通县界"碑重加底座并设大理石围栏复立。重配的底座为清代之物，购于旧货市场，笔者验收时，发现正、反双面刻"麒麟"图、侧面刻"鹿鹿"图（谐音路路通）和鹭鸶、莲子图（谐音一路连科），"麒麟"为瑞兽，双面"麒麟"与双面"通县界"极为吻合，材质、大小、年代可谓天衣无缝，路路通、一路连科吉祥图案与古老的朝阳路相匹配，巧合还是天意？

改造前的"通县界"碑

重修后的"通县界"碑

北京地区独一无二的明代洪熙圣旨碑

石质文物，尤其是碑刻的保护、研究，往往离不开要求细致耐心的拓碑工作。2009年9月3日，常营地区办事处连心园小区，普查队员经过洗碑、刷白芨水、上纸、打纸、墨拓、揭纸等一系列工作，历时近半天，一张字迹清晰的明代洪熙圣旨碑碑拓终于完成。当读完圣旨和"大明赠承直郎户部河南清吏司主事之墓"碑文后，多年从事文物工作的我敏感地意识到此碑的独特之处。

明仁宗朱高炽（1378—1425），明成祖长子，其母为仁孝文皇后，徐达外孙。永乐二十二年（1424）即皇帝位，次年改元为洪熙。明仁宗重用户部尚书夏元吉，采取了一系列减少国家开支的措施，如为了减少漕运的巨大花费，决定将首都迁回南京。体弱多病的洪熙皇帝，登基后从政仅8个月，于洪熙元年（1425）五月因心脏病崩于钦安殿，庙号仁宗，葬于明献陵。在位8个月的洪熙皇帝留给后人带有"洪熙"纪年款的实物可谓凤毛麟角。刻在此碑上的两道标注洪熙元年的"皇帝圣旨"，在北京属首次发现，此谓北京地区现存古碑"独一无二"的珍贵特征之一。

将"皇帝圣旨"刻在石碑之上，无论出于炫耀荣光还是希冀借皇恩而荫泽后世，在现存遗留古代石碑中并不少见，而将"皇帝圣旨"刻在带有须弥座的浮雕石碑上，上立如同挂于紫禁城各大殿之匾般的牌位，工艺的复杂足以证明主人家庭的富足。碑文提到墓主"大明赠承直郎户部河南清吏司主事"郭恭，祖郭遵道"元万户府万户"，父郭顺乡"克承先志，隐居以自老，而资产倍蓰焉"，郭恭曾对其子承直郎、户部河南清吏司主事郭诚说"吾家享有殷富累世矣"，碑文更是一语道破天机。明代作为文散官的承直郎不过正六品初授之阶，只因"殷富累世"，财主出身的郭诚才有钱把"皇帝圣旨"浮雕在石碑上，这是北京地区现存古碑"独一无二"的珍贵特征之二。

书丹并篆额者为"赐进士出身、征仕郎、中书舍人、临州程南云"。程南云，字清轩，号远斋，江西南城人，以能书征授中书舍人，工诗文，诗文奇古，精篆隶，为时所尚。篆法得陈思孝之传，隶真草，个个有古则，又善大字，还善画梅竹。奉命书长陵碑。程南云以篆书最为著名，篆书工整规矩、圆润流转，颇具庙堂气。他篆额的碑较多，如北京《敕赐清虚观记》、江西吉安周忱墓之神道碑、云南保山市太保公园内《金齿军民指挥使司庙学记》及石景山模式口出土的《故清平伯吴公墓志铭》等。但由程南云篆额并书丹的并不多见，此谓北京地区现存古碑"独一无二"的珍贵特征之三。

大明赠承直郎户部河南清吏司主事之墓碑文，提到"太宗文皇帝兴兵平内难"，太宗文皇帝当指明成祖永乐皇帝朱棣，此可补史书不足。另外，碑文提到墓主郭恭葬于"城西北之刘家庄"，与现在的城东管庄毫不搭界，说明该碑为历史上迁移而来，原墓在何地？何时移此？这些谜底有待于文物工作者进一步研究探索。

被误称山东会馆的海阳义园

在呼家楼南里小区居民楼房中间,"山东会馆"的二进古建院内立有《重修海阳义园碑记》,可惜方向立反,说明此碑系近年挖出新立,此碑无碑头,碑身顶端切成圭形,碑阴上端雕"乐善好施"四字,下面密密麻麻地刻有20行、21列的商号名、人名,总计420位。碑文末尾刻有"共计瓦房二十八间。西一所,前后东西各长十六步,南北各长十九步三分五厘。东一所,前后东西各长十一步,南北各长十三步二分。房外四围共计余地九亩三分,各段均有红契为证。四围墙俱在内,文契每年随同大帐交值收存"。按碑文所记,并以清代一步为五尺、一量地尺合34.5寸计算,西一所即西院东西宽55.2米,南北长65.79米,占地3631.61平方米;东一所即东院东西宽37.95米,南北长44.99米,占地1704平方米。加之外围余地九亩三分,海阳义园在当时规模不小。西院主房、东西配房仍存,耳房已被改造。现在原有基础上,建筑均已修缮完毕,由北京市朝阳区房屋管理局团结湖管理所使用。

海阳县,今为山东省烟台市属县。据《元和郡县图志》海阳县条记载:"海阳县,……本汉揭阳县地,晋于此立海阳县,属义安郡。隋开皇……十一年置潮州,又立海阳县以属焉。"清雍正十二年(1734)置海阳县,因地处黄海之北而得名。《登州府志》也说:"以其地在海之阳,故名。"清乾隆版的《海阳县志》称:"民多朴野,性皆犷直,犹有古风。凡有施为,质多而文少。"

义园,即义冢地,丛葬之所,其重要功能就是"死而有托"。据1929年《北平指南》所载,北京的义园义地(含外国茔地),共计36处,其中无海阳义园的记录。1935年8月北平市社会等局调查,当时有义地130处,占地面积共计2829亩6分6厘,有坟墓87394座;1949年,当时的北京市民政局对北京各会馆义园义地做了调查,北京16个区共有义园98处。作为数朝首都的北京,官宦往来,商贾云集,士子赴考、就读等等,各省各地人员混杂。生老病死,时所难免。当时病故北京的外地人有多种处理方式：一是当即运回原籍，路程近则容易办到，若归途遥遥，又加上近代以来战乱不断，要运回原籍非常困难。二是将死者棺柩停灵于寺庙或义园为浮厝或者浅葬，即"丘子""阴丘"，俗话说的"丘起来"就是将棺柩放在平地上，四周砌上砖，外面用灰一抹，再在丘头立块石头，写着死者生死年月、姓名、籍贯等，等机会运回原籍。因为寺庙停灵要花不少钱，所以义园义地里丘子比较多。三是正式葬入义园义地，30年代后出现了公墓，葬入公墓的也不少。但贫苦的土著百姓，无力置买家族墓地，他们中有的随意葬在城外，大部分则葬入官方立的义地里，因为葬入义地，除给挖坟坑的一些劳务费外，是可以不用花钱的。

义园往往由所在会馆管理，一般义园都建有房间多所，这些房间，一是为乡人祭墓住宿之用；二是为灵柩暂停之处；三是乡人的丧事可在这里办理。如属于山西临襄会馆的平水义园（广安门外财神庵）有两座大四合院，其西院即为停灵之所，院后就是义园。属于西晋会馆的西晋义园，有两座三合院，十几间房屋，这些房间都是预备做晋人上坟、送葬者留宿用的。而海阳会馆建于何处，已无从考证。1929年京城36处义园却无海阳义园之列，说明其会馆已衰败而且无力承担义园之任了，同时也证明海阳义园未成为后来的属公墓性质的义园。

海阳义园西院门楼

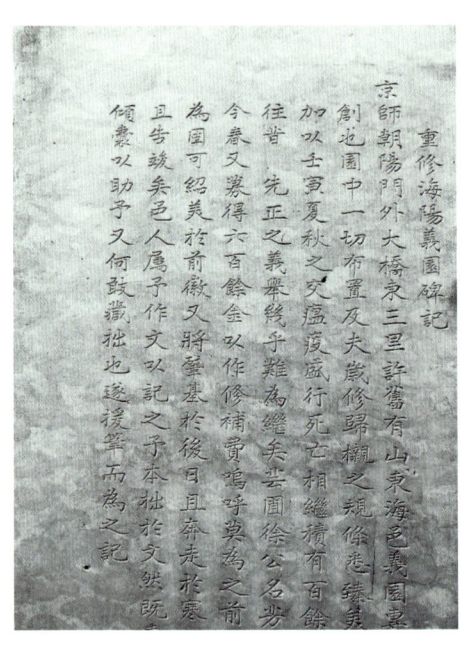

重修海阳义园碑记（局部）

《重修海阳义园碑记》刻于大清光绪二十九年岁次癸卯荷月望日，即1903年农历六月十五日。碑文明确指出：京师朝阳门外大桥东三里许，旧有山东海邑义园，专为邑人之客都者养病停柩之所。道光二十五年（1845），王君乐义、俊亭，李君天阶、长春募创也。园中一切布置及夫岁修归榇之规条悉臻完备，远近耳其事者，莫不称善举焉。庚子（1900）秋洋兵入都，门窗楣壁被毁无余，加以壬寅（1902）夏秋之交瘟疫盛行，死亡相继，积有百余柩。尔时修葺、归榇之费浩于往昔，兵燹以后商力不支，充户劝募尤艰于往昔。先正之义举几乎难为继矣。芸圃徐公名芳典者，不辞其难，约同乡诸君子先募有千余金，容冬将百余柩发归故里。今春又募得六百余金以作修补费。说明始建于1845年的海邑义园，到1903年经驻京同乡重新修葺后改为海阳义园，其性质属于"归榇"的"阴丘"。1902年冬，将"夏秋之交瘟疫盛行，死亡相继，积有百余柩"发归故里就是明证。

　　海阳义园留下的两座大四合院作为历史遗产，成为朝阳区重点文物保护单位，但由于当时未见到埋于地下的《重修海阳义园碑记》石碑，而定现名"山东会馆"，如今应该恢复其真正的历史名称"海阳义园"了。

葬于武基的明代"建设部长"

朝阳区出土历代墓志中，珍存着大武基出土的"明故工部尚书进阶荣禄大夫致仕赠太子太保曾公之墓"曾鑑墓志一盒，墓志77厘米见方，志盖篆书，从墓志铭可知明中期今地名"武基"当时也写作"五基"，尚无大、小五基之分。从墓志可知：曾鑑生于宣德九年（1434）六月二十三日，卒于正德二年（1507）闰正月八日，得寿七十四，三月二十七日葬于都城南五基之地。其原配陈夫人已赐葬，至是乃合葬。曾祖名叫曾民远，洪武初从戎南京，隶虎贲右卫。祖名叫曾得寿，永乐年间护驾皇帝北迁北京。父亲名叫曾让尝，捡得遗金百两，访其主还之。皆追赠资政大夫、工部尚书。曾鑑原配陈氏，生子洪，为国子生，早卒。侧室滕氏，生子沄，时为国子生。女三，长适腾骧卫千户干勇；次适金吾卫指挥同知刘湧；次适虎贲卫索百户子瓒。孙女一。

曾鑑，字克明。祖籍桂阳，其祖以戍籍居京师。天顺八年（1464）进士，授刑部主事。成化末，历右通政，累迁工部左侍郎。弘治十三年（1500），进尚书。《明史》有传。据载：其在刑部主事期间，通州有一盗窃案，十余人被牵连入狱；曾鑑详查案卷后认定为诬陷，不久捕获盗贼，真相大白，冤案得以昭雪。明孝宗后期，内府供需越来越大，司设监请改造龙毯、素毯一百多条，工部尚书曾鑑谏言：往年，毯虽一物，然征毛毳（cuì）于山、陕，采棉纱诸料于河南，召工匠于苏、松，经累岁劳费太多，希望皇帝停止此事。明孝宗不听。内府针工局乞收幼匠千人。工部尚书曾鑑等言：往年，尚衣监收匠千人，而兵仗局效之收至二千人，军器局设监又效之，各收千人；弊源一开，后患无穷。于是皇帝不得不下令各减其半。太监李兴请办元夕烟火，有诏裁省，因工部尚书曾鑑奏尽罢之。弘治十六年（1503）明孝宗听从大臣谏言，召还织造中官；中官邓瑢请求后帝又许之。工部尚书曾鑑等极力劝阻，帝于是下命减三分之一；同年冬，曾鑑谏言诸省方用兵，且水旱多盗贼，乞罢诸营缮及明年烟火、龙虎山上清宫工作，帝皆报从。正德元年（1506），雷震南京报恩寺塔，守备中官傅容请修之。工部尚书曾鑑言天心示儆，不宜重兴土木以劳民力，乃止。御马监太监陈贵奏迁马房，钦天监官倪谦覆视，请从之。给事中陶谐等弹劾陈贵假公济私，并弹劾倪谦阿谀奉承，皇帝不听。工部尚书曾鑑执奏，谓马房皆由钦天监相视营造，其后任意增置者，宜令拆毁改正，修缮已建者，资助百姓牧养无妨，而民不劳，深得皇帝认可。内织染局请开苏、杭诸府织造，上供锦绮，为数二万四千多匹。工部尚书曾鑑力请停罢，得减三分之半。太监许镛等各擅自发敕令给予浙江诸处，抽运木植，亦以工部尚书曾鑑言得废。孝宗末，阁部大臣皆权重一时，选曾鑑亦持正，及与韩文等请诛宦官，不胜。诸大臣留任者，都驯顺避祸，而曾鑑却独守操行。皇帝曾下诏赐皇亲夏儒第，帝嫌其狭隘，欲废之；工部尚书曾鑑力争，皇帝没有从。正德二年（1507），中官黄准守备凤阳，明武宗意欲从其请赐旗牌。工部尚书曾鑑等言：大将出征及诸边守将乃有旗牌，内地守备无先例。武宗听从曾鑑谏言取消这一做法。同年闰正月，退休，旋卒，赠太子太保。享年74岁。

另外，同乡同学同朝做官的光禄大夫、柱国、少师兼太子太师、吏部尚书、华盖殿大学士、知制诰、同知经筵事、国史总裁、长沙李东阳撰写的墓志铭，借追念曾鑑之机感慨人生"凡器之类，锐必先折，公敛其锋，有用无缺；凡物之生，蚤必先萎，公敛其华，有实之理"。至今仍是至理名言。

明故工部尚书进阶荣禄大夫致仕赠太子太保曾公墓志铭

光禄大夫柱国少师兼太子太师吏部尚书华盖殿大学士知制诰同知经筵事国史总裁长沙李东阳撰

赐进士出身光禄大夫柱国太子太保刑部尚书侍经筵吴兴闵珪篆
中大夫光禄寺卿直文渊阁侍经筵同修国史玉牒莱阳周文通书
公与予同出湖南，同籍京卫；入京学，同举进士第，前后四五十年交，最稔。去冬，公访予，病弗果见，为之怅叹以去。今春，予始入觐，而公已病，越数日遂不起。其子沄以治命乞铭，嗟乎！予竟不获与公面诀而遽铭邪！公姓曾氏，讳鑑，字克明。举天顺己卯乡荐，其举进士以甲申试政刑部。通州民十余辈，坐盗狱且具，公辩其诬人惑，之后果得真盗，乃大服。成化乙酉，初命为主事，寻以父丧阕服改工部督造，供应器物，综理甚精。改吏部验封，迁稽勋员外郎。母丧服阕再入验封，进郎中。奏拟精核，人无訾议。丁未，擢通政司右通政，专领武官诰籍。弘治庚戌，迁太仆寺卿马政修举。壬子，擢工部右侍郎，督易州山厂薪炭事，专治经画事集而人不扰。乙卯，召还转左侍郎，修仓庚、葺宫掖，充唐府册封使。庚申，拜尚书，修诸禁门、社稷坛及京城垣。晬凡涉公帑民力者时，执艺以谏上。尝召至便殿，趣造战车。公言派办不可亟，请以旧所积榆、槐木为之；又尝问工匠缺乏，公历陈灾伤逃徙之故，皆见嘉纳。正德丙寅，修卢沟桥堤；制内殿龙毯。特赐玉带自余，若白金、彩币等物不可殚纪，累阶至资德大夫、正治上卿。前后所得敕、诰、赠、封，其二代及妻者凡四。命荫其子二人。既病，亟具疏乞休。上念功勤慎勉，从所请，进阶荣禄大夫，令有司月给米三石，岁给舆隶四人。命下而公已卒矣。讣闻，上悼惜，赠太子太保，遣中官赐宝镪万贯为赙，遣礼部官赐祭者再，仍令有司治葬事如制。云公温纯乐易，不事矫饰，虽风雨寒暑不废朝谒，官事未毕继之以夜。性敦孝爱，兄弟同爨，白首无间言；族里穷急，力为周施，而自奉简约。不为禄位所移易，部吏少俊者，教以举业，且为给膏火费。后举乡贡者二，举进士者一，皆德之终身。下至仆隶亦感慕无欲怨者，是亦可谓难已。公生宣德甲寅六月二十三日，卒于正德丁卯闰正月八日，得寿七十四。以三月二十七日葬于都城南五基之原。其配陈夫人已赐葬，至是乃克合焉。公之先本郴州桂阳，曾祖讳民远，洪武初从戎南京，隶虎贲右卫。祖讳得寿，永乐间始扈从北迁。考讳让尝，得遗金百两，访其主还之。皆赠资政大夫、工部尚书。公初娶于陈，生子洪，为国子生，早卒。侧室滕氏，生子沄，今为国子生。女三，长适腾骧卫千户干勇；次适金吾卫指挥同知刘湧；次适虎贲卫索百户子瓉。孙女一。公遗事尚多，尚书李公时器有状，铭不能悉也。铭曰：

卿有六署，公居其三。幼学壮行，老且益谙。工曹最繁，公所终始。世历累朝，岁几四纪，夙兴夜寐，心矢靡他。日累月积，岁计实多。尽瘁而生，得正而毙。亦有余恩，为身后地。凡器之类，锐必先折，公敛其锋，有用无缺；凡物之生，蚤必先萎，公敛其华，有实之理。公不言功，皇则念之；公不责效，天则验之。孰传厥宗，家有介子；孰最厥名，国有太史。

历阳王宗镃

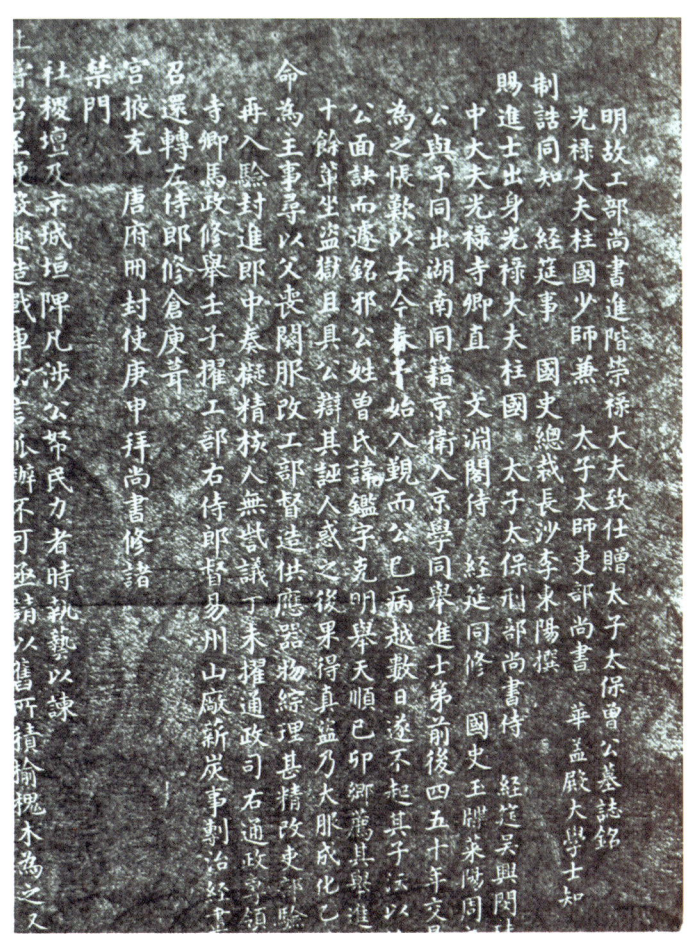

曾鑑墓志铭局部

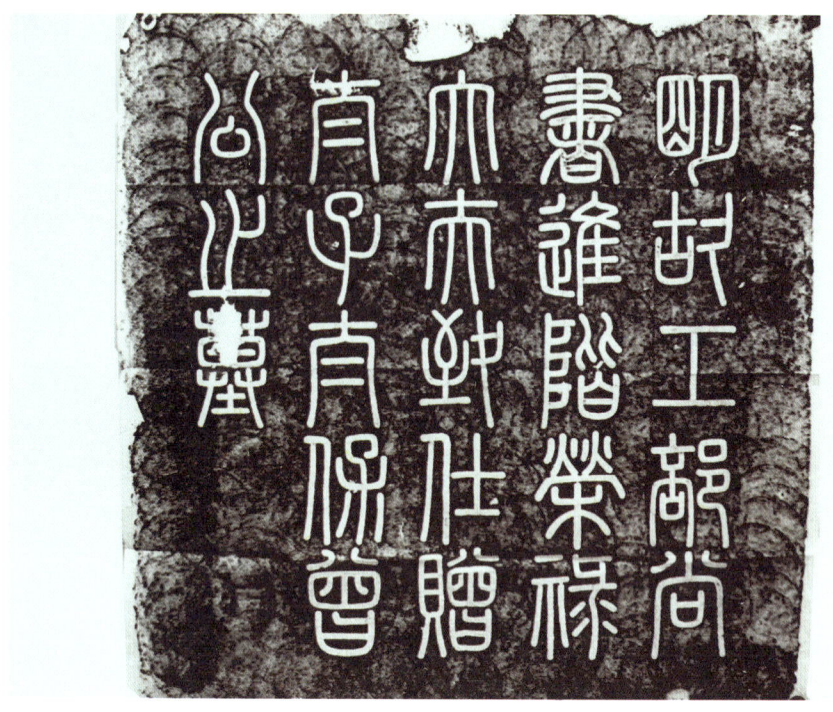

曾鑑墓志铭志盖拓片

朝阳惊现太平天国时期墓志

北京夏季奥运会前夕,文物部门接管庄地区办事处果子店村村委会举报,在一民户家发现疑似坟墓内有刻字的石条,经实地勘察,该石条属房山石窝砖渣石类,长104厘米,宽32厘米,厚6厘米,既非传统墓志形制,又非常见墓表类型,经研究碑文内容确定其为事略类的墓志。

这方墓志的墓主多山,在《清史稿》列传一百八十二有简记:"多山,赫舍里氏,满洲镶蓝旗人。道光十四年举人,刑部郎中。出为襄阳知府,举行团练,剿贼有功,晋秩道员。调武昌府,署按察使。时司道多驻城外督战,惟多山助城守,城陷,力战死之,予骑都尉世职,谥忠节。"墓志撰写者为墓主多山之兄杨霈,时任清朝最高级别的九位封疆大吏之一的湖广总督。其父容海,广东按察使。从墓志所记多山"二十二,以弘胪寺笔帖式,中道光甲午科顺天乡试举人"推算,其出生于清嘉庆十七年(1812)。历史上命运多舛的道光皇帝珍妃乃为其同胞姐。碑文称其有同父异母兄爱山、丰山,同父母兄如山(杨霈)和弟宝山、隆山,"行六"证明其上有姐二人。从墓志可知其带领团练奋力抵抗太平军,战死于清咸丰四年(1854)六月中旬,地点为湖北襄阳,享年42岁。同年七月,其兄时任湖广总督的杨霈为其弟撰写了墓志类的事略碑文。

碑文中提及的吕文节、罗遵殿等均是名震一时的团练大臣,后都与太平军作战而死。文中隐匿了同胞姐妹道光帝珍嫔之名,乃因珍嫔一是早已过世,二是珍嫔在朝中由珍妃降为珍嫔郁郁而终,由受宠转遭遗弃,家族未能蒙受"国戚"之光而不愿提及。朝阳区曾出土过明代父为子、夫为妻、弟为兄撰写的墓志,如今发现的兄为弟撰写的多山墓志,无疑为墓志类型增添新的种类,尤其珍贵的是太平天国时期的文物,在朝阳区尚属首次发现。多山是否葬于果子店、墓志如何而来并充当阶条石，层层迷雾等待着爱好者去逐渐揭开。

太平天国时期多山墓志

江宁织造席图库

通往四环路的京通快速路四惠立交桥辅路旁，立有两通龟趺四周雕有精美海水江崖"水盘"的《诰封席图库父母碑》《诰封席图库碑》。朝阳区带有海水江崖"水盘"的墓碑还有《兆惠墓碑》《觉罗公墓表》《朝阳门石道碑》，共计5通。常见的海水江崖"水盘"四角分别雕有鱼、虾、鳖、蟹，水中有各种水怪，《诰封席图库父母碑》《诰封席图库碑》"水盘"出现水猪、汪洋中的一条船图案，胡人装束的船夫在波涛中奋力摇着一叶木舟劈波斩浪，其惊险、竭尽全力状让人浮想联翩，精益求精的雕工与历史上难以逾越的"康雍乾工"吻合，见者无不啧啧称赞！

作为织染局员外郎的席图库，官衔不过从五品，即使以覃恩赠其父康邦图为奉政大夫，也不过是正五品的虚衔。带海水江崖"水盘"的石碑碑座，一般出现在宫殿或杰出人物墓碑碑座，借"诰封"之名修此碑座，除了僭越之嫌，只能理解为织染局员外郎席图库的特殊身份。清代诰命由翰林院撰拟，经内阁大学士奏定之后，按品级填给，由江宁织造制成诰命。其文字采用满汉合璧书写，满文行款从左至右，汉文行款从右至左，合于中幅而书年月日。年月各按奉旨、奉诏日期书写，钤盖"制诰之宝"。

《清会典》载："织造在京有内织染局，在外江宁、苏州、杭州有织造局，岁织内用缎匹，并制帛诰敕等件，各有定式。凡上用缎匹，内织染局及江宁局织造；赏赐缎匹，苏杭织造。"清代在江宁（南京）、苏州和杭州设立三个织造衙门，各从内务府司员中简派监督一员，简称"织造"，合称江南三织造。织造负责上用（皇帝所用）、官用（官员所用）、赏赐以及祭祀礼仪等所需丝绸的督织解送，都是钦工要件，地位重要，责任重大。同时，织造还拥有密折特权，向皇帝直接禀报钱粮、吏治、营务、缉盗、平乱、荐举、参劾、收成、粮价、士人活动以及民情风俗等江南地方情形。三织造鞍前马后，积极迎接圣驾南巡。康熙6次南巡，多住在织造府第；各地行宫的修葺摆设、风景点的点缀、街道的张灯结彩、寿宴的演戏宴筵，必有织造忙碌张罗。苏州织造局分设有织染局（一名北局）和总织局（一名南局）。局内织造单位分为若干堂或号，每局设头目三人管理，名为所官。

席图库作为织染局员外郎，应当是织染局的京官，虽名不见经传，出身"茂族""名门"的夫人王氏，及诰赠父亲康邦图为奉政大夫织染局员外郎、母亲曹氏诰赠为宜人，说明席图库的父母并非名门望族。而初任七品笔帖式、二任六品主事、三任织染局员外郎，并于康熙二十七年（1688）十月二十三日被"覃恩特授阶奉政大夫"的席图库，夫人王氏被封为宜人。其碑文的后面肯定有许多不为后人所知的故事，从江南织造曹寅及《红楼梦》里，我们可以推断：席图库之家在当时必是富甲一方的大地主、大商人。否则，父子诰封碑的"水盘"就不合时宜了。

《诰封席图库》碑、
《诰封席图库父母》碑

查史志，名为席图库者，有崇德七年七月二十二日子时生，母为庶福晋瓜尔佳氏察喇礼之女，顺治八年十二月初九戌时卒，年6岁的郑献亲王济尔哈朗六子席图库；有与觉罗莫洛宏觉罗顾纳代嗣子觉罗诺尔逊分袭三等男的叔之子觉罗席图库，康熙二十七年七月袭一等子，任官都统；有任都统，乌扎喇氏席图库。原葬于高碑店地区兴隆村，后两次移《诰封席图库父母》碑《诰封席图库》碑至今地的墓主席图库，是觉罗席图库还是乌扎喇氏席图库，甚或与上述两人毫无瓜葛，尽管年代相仿，因缺乏方志、墓志的佐证，留下难解之谜。

双桥革命烈士陵园的二十九名无名烈士

双桥革命烈士陵园外墙一排杨树挂满了串串金黄的萎瓜,十分醒目。陵园内,秋风中的落叶唰唰作响,影壁上的说明告诉后人:埋葬于此的二十九名无名烈士,在北平即将和平解放之时,牺牲于1948年腊月二十八日春节前夕。

朝阳区文物管理部门出于职业的敏感和责任,试图查出无名烈士的真名实姓,20世纪90年代曾经到总参档案室调查过,终因部队番号变换频繁,档案缺失记载等原因,这段真实版的双桥"集结号"湮没于历史的尘埃之中。据当地的老人回忆,当时受命执行任务的该连队在黑夜中不知是特务告密还是地形不熟,误入国民党顽固派军阵,在混战中全排战士无一幸免。因无法查明失利的真实原因,战斗结束后所属部队借用当地百姓马车拉走牺牲的战士殓葬于此。直到1954年12月4日,通县人民政府国营双桥农场立碑,追认牺牲的二十九名战士为"烈士"。青石雕刻的碑文写着"一九四八年冬,我人民解放军解放北京之际,曾有二十九名勇士壮烈牺牲于京郊某地,当经原属部队成殓安葬于此。为悼念人民烈士永垂不朽,特立碑铭以示纪念"。经历50余年风雨侵蚀的石碑,如今被立于西侧墙边,碑文已漫漶不清。普查当日,一簇鲜花放在碑边的刺菊树上,说明悼念的人刚刚来过,后人没有忘记这些为了新中国而捐躯的无名英雄,令人欣慰。

1954年烈士碑

  1989年朝阳区人民政府重新修建革命烈士墓，并修建了烈士陵园，杨成武将军题写了"北京市双桥革命烈士陵园"牌匾。1999年又增建了影壁式陵园"简介"。当普查队来到影壁后面的五间仿古式展室时，一把锈迹斑斑的铁锁给人第一感觉此屋已好久没有打开了！贴在门窗上的"尽快迁走骨灰告示"，说明此屋已改为他用！透过门窗可以看见屋内尚有遗像和骨灰盒，杂乱不堪的屋内还有破败的花圈！难道烈士陵园也有挂羊头卖狗肉的事！记得前些年被媒体炒得沸沸扬扬的重庆市烈士碑前跳舞事件，被标签为"亵渎英灵"！而滥竽充数到双桥烈士陵园内的"凡夫俗子"，在享受纯真的青少年祭奠英雄之时，错位的魂灵能安稳吗？希望有关部门应该反思并加强管理了。

  英雄值得我们尊敬，而无名英雄更值得我们景仰，因为今天的幸福生活就是千千万万无名烈士用鲜血换来的，忘记他们就是忘记历史！

乐成会馆与那桐祠堂

乐成会馆修缮了原为北京内燃机厂招待所使用的那桐祠堂。那桐祠堂三进四合院，院内按园林设计散落安放清代夹杆石三对，其中一对是利用雍正三年（1725）乳母王氏的诰封碑对切改造而成；广亮门内放汉白玉上马石一对，门前一对砂岩石狮只露出头部，身子被下沉在草坪地下；古槐四株尤以垂花门前两棵茂盛。一方四周雕满花纹的石供桌板被巧妙地放在草坪之中。院门口两棵相思树、二进院四株百年玉兰、三进院四株二百年海棠郁郁葱葱。东跨院为新开辟的花园，人工水池旁假山堆砌，紫丁香盛开。整座院落严谨规整呈中轴对称，属典型老北京四合院形制。有心的乐成房地产开发商投巨资复现那桐祠堂当年风貌，钦佩之余让人感叹儒商的视野和传统建筑的魅力。

那桐（1856—1925），字琴轩，叶赫那拉氏，隶属内务府满洲镶黄旗人，晚清"旗下三才子"之一。光绪十一年（1885）举人，历任内阁大学士、户部尚书、外务部尚书、编纂官制大臣、曾办税务大臣、总理各国事务衙门大臣、军机大臣、皇族内阁协理大臣、弼德院顾问大臣等职。清帝退位后，于民国后在天津旧英租界十七号路（今新华路），购地数亩，建一楼房，举家由北京迁来，影息津门。1925年病逝于北京金鱼胡同一号故宅，享年69岁。葬于今那桐祠堂旁墓地。

那桐于光绪十二年（1886）搬到金鱼胡同，临街的几十间倒座儿南房横贯东西，五座广亮大门等距离地矗立其间，"占地二十五亩二分九厘二毫，原有房廊三百多间的那家花园"，是京城内有名的宅邸。民国初年，北洋政府经常借用那家花园举办堂会，名角云集，招待中外政要。新中国成立后，改建为和平宾馆。

◆ 碑刻保护研究

立于那桐祠堂垂花门旁的王氏诰封碑及局部

另外，慈禧驻跸颐和园时，为了监朝之便，那桐选择巴沟村北，濒万泉之水，修建了一座别墅，也称那桐宅园。那桐宅园以水景为主，充分利用自然山水之空间进行造园。北京解放前夕，这座宅园的建筑物已圮废无存了。

那桐在光绪年间官至军机大臣，选清华园为校址就是经他批准的，那时他是兼管学部和外务部的中堂尚书。建校之初最早的主校门，是一座古典优雅的青砖白柱三拱牌坊式建筑，门楣上"清华园"为那桐手迹。

那桐祠堂

弥足珍贵的东岳庙东廊三件石刻

2008年初,东岳庙被批准为道教活动场所,10余名道士陆续入住,原朝阳区下三条小学占地5215平方米、古建1203平方米、民国建筑约150平方米的东岳庙东廊和后院也由朝阳区教委交付东岳庙管理处管理。北京市财政支付1129万元开始对民国警察署、魁星阁义学、文昌阁、穿堂、荣慈轩、伏魔之殿(春秋殿)、忠义之门、行宫(御座房)和尚属安全三局所用的占地2385平方米、古建106.74平方米的娘娘殿等14个殿座进行修葺。2008年5月在忠义之门墙壁发现了一方砌在墙内的《文昌帝君阴骘文》石刻(部分);2009年6月又在义学院内清出一通《同善堂义学记》石碑,而今清出的《朝阳门外东岳庙春秋殿碑记》,则是第三件石刻文物。

《文昌帝君阴骘文》石刻一方,草书"轻出重入;奴仆待之宽恕,岂宜备责苛求。印造经文,创修寺院。舍药材以拯疾苦;施茶水以解渴烦;点夜灯以照人行;造河船以济人渡。或买物而放"计57字。不难看出,原文达655字的《文昌帝君阴骘文》,需要至少12方同样大小材质的石料得以刻写完成,尤其是"轻"字前缺"不可"二字,"放"字后缺"生",由此断定,原石刻定为某名人草书刻于若干方石,从内容分析应置于文昌阁内,后散佚而被后人有意无意间砌于前院的忠义之门墙内。

《同善堂义学记》立于道光二十九年(1849)春三月,撰并书者是"诰授光禄大夫、前吏部尚书、协办大学士"汤金钊。碑文记述时任东岳庙住持的马宜麟,在隙地募资建屋数十楹,"堂、庑、门、院咸备设",招收邻近子弟无力"就傅者",目的是"响慕圣学,教育人才,实有裨于朝廷化民成俗之治"。碑中记述马宜麟"惟愿为之师者,勤恳启迪;为之能者,奋勉诵习"。读罢碑文,不由得让我们联想到希望小学,联想到北京宏志学校。160年前,一位年迈的道长,深明大义,建义学以"教化民明而习俗美焉"。今天,我们都知道"知识改变命运"

的道理，而东岳庙马宜麟住持早已悟出知识改变国家的道理，并身体力行！

《朝阳门外东岳庙春秋殿碑记》立于清道光二十四年（1844），经筵讲习官礼部尚书加三级李宗昉撰文、经筵讲习官工部尚书加三级陈官俊书丹，碑文记述东岳庙"东廊内有春秋圣境，乃宋崇宁时破磔蛟，古迹也。始创关圣帝君大殿三间，东西配殿六间，山门一间。此外前后空院二段，皆就荒芜。殿宇虺隳，将成瓦砾。东岳庙住持马宜麟于庚子春，由本庙西廊移居东廊，发愿募化修理，庄严神殿"，"前后四层，大小庭堂共计五十余间"，历时四载。《朝阳门外东岳庙春秋殿碑记》提供的珍贵历史信息是，东岳庙始建于元代延祐六年（1319），而时称"春秋圣境"的关圣帝君大殿却建于宋崇宁（1102—1106）年间，其历史比东岳庙还要早200多年！1931年，日本人荒木清三绘的《北平朝阳门外东岳庙平面图》，东廊春秋殿已被更名为伏魔之殿。东岳庙东廊伏魔之殿，其创建时间以北宋崇宁年间计，在北京现存关帝庙中，当为最早，而"春秋圣境"至"伏魔之殿"的演变，也体现出关羽被吸收为道教神祇由侯、公、王、帝再到"伏魔大帝"的历史轨迹，恰恰是从人到君再到神的演变历程。

《文昌帝君阴骘文》《朝阳门外东岳庙春秋殿碑记》《同善堂义学记》三件石刻，联系到东廊内的娘娘殿、御座房、春秋殿、义学、文昌阁、魁星阁，不难看

《文昌帝君阴骘文》

出：祈求多子多孙、办学教子"仁义礼智信",达到科举"连中三元"的人生至高境界,道教从出世到入世,为浮躁迷茫的人间绘制了一幅追求上进、体系严密、梯级上升的美好图画!不由得,笔者又想起《文昌帝君阴骘文》的名言警句,"毋慢师长,毋侮圣言","报答四恩,广行三教;谈道义而化奸顽,讲经史而晓愚昧","作事须循天理,出言要顺人心"。

难得一见的夫为妻撰的墓志铭

在朝阳区大武基发现明故工部尚书、进阶荣禄大夫、致仕赠太子太保曾鑑墓时，同时出土《明封淑人亡妻陈氏墓志铭》一盒，细读之后，方知其为曾鑑原配陈氏墓志铭。难得的是墓志铭撰写者竟然是陈氏丈夫曾鑑本人。

曾鑑，明工部尚书、进阶荣禄大夫、致仕赠太子太保，是有明一代贤臣。其原配夫人陈氏先世，因曾鑑之功而受到国家出资葬礼的待遇。在墓志铭中，中年丧子、晚年丧妻，年届古稀的曾鑑老人如泣如诉地哭喊道："吾且老矣，吾儿洪既殁，吾妻又舍我以去，吾伤悼之情何能已乎？呜呼哀哉！"悲痛之情难以言表。夫为妻撰写墓志在历史上极为少见，而像曾鑑这样的名人亲自为妻撰写更为难得！相伴一生如今天各一方，其情其景谁人能知？

明封淑人亡妻陈氏墓志铭

淑人讳惠明，姓陈氏，其先为庐州合肥人。父荣，羽林前卫、正千户；母宜人庐氏，实生淑人。景泰辛未，先考妣为予择婚，得淑人。生时与予同，遂议订婚。自归予家，上下宜之。孝敬先祖母及先妣，得其欢心。处姒娣以和，御童仆以恩，其于妾媵尤无妒忌，中馈之劳躬亲执爨不辞也。且天资慈善，不尚华靡，自幼至老服用俭约。平生寡言笑，尤能包荒含忍。或以非义加之，众为不平，而淑人处之自若，乃更加之礼，至甚者惟退处饮泣而已。予初以京庠生领己卯乡荐，登甲申进士，由主事历升尚书，累蒙颁给诰敕。吾妻初封安人，继封宜人，再封淑人。每朝贺，清宁等宫蒙赐彩缎、宝钞，辄以分给亲眷。予叨列二品之后，夫人之命将及而遽止此，哀哉！盖去岁，子洪卒，哀痛不已，遂致疾弗疗，至是卒荷。蒙朝廷遣礼部官御祭，工部官营葬，且例该夫妇同坟，不肖亦得预造归藏之所。淑人生宣德甲寅六月二十三日，卒弘治辛酉闰七月初七日，享年六十八。子男二，长即洪，国子生，娶知县王廷佐女王氏；次沄，滕氏出，娶知县高易之高氏。女三，长适千户干勇；次适指挥刘湧，早卒；次适儒士索瓒。孙男一，女二，俱夭亡。将以次年春三月初十日，葬于崇文门外五基北之原。呜呼！予自结发于淑人为夫妇，殆今五十余年，内助之功实多。吾且老矣，吾儿洪既殁，吾妻又舍我以去，吾伤悼之情何能已乎？呜呼哀哉！兹特挥泪而志，系之以铭。铭曰：

寿近稀年，德惟静婉。生也三受褒封，殁也特蒙恤典。他日同藏，实均荷圣恩不浅。

赐进士第、资善大夫、工部尚书彬阳曾鑑书

平定准噶尔叛乱的"人杰"兆惠

奥林匹克公园奥运曲棍球场内,伫立着清代乾隆年间的定西大将军,"加赠太子太保户部上书协办大学士一等武毅谋勇公兆惠"墓碑。螭首龟趺碑下有学名"水盘"的"海水江洋"石雕,四角雕鱼、虾、鳖、蟹;内有磐石、浪花、祥云构成的"海水江崖"石雕,象征四海一统、江山永固。墓表掩藏在曲棍球场外北边的杨树林之中,可惜的是2004年2月18日夜里丢失的墓表上面的坐龙"望天犼",至今未破案归位,成为住在周边北京师范大学住宅区京师园里许多老师的憾事。

兆惠(1708—1764),乌雅氏第九世孙,同族六世祖卫武、八世祖海望葬于周边墓地,字和甫,清乾隆时将领,雍正帝生母孝恭仁皇后族孙。满洲正黄旗

20世纪90年代初期的兆惠墓地

人，都统佛标之子。雍正九年（1731），兆惠以笔帖式授军机章京。历任兵部郎中、内阁学士、盛京刑部侍郎、刑部右侍郎、正黄旗满洲副都统、镶红旗护军统领。乾隆十五年（1750），入直军机处。十八年（1753），赴藏办理筹防准噶尔事宜。十九年（1754），乾隆帝拟征准噶尔，奉命协理北路军务并总理粮饷。二十年（1755），奉命率军驻乌里雅苏台。以阿睦尔撒纳叛，陷伊犁，被调赴西路巴里坤。二十一年（1756），讨叛，复伊犁。授定边右副将军，筹办伊犁善后事宜。二十二年（1757），率师至乌鲁木齐，以功封一等武毅伯。阿睦尔撒纳叛后，配合北路军肃清准部叛乱势力，授定边将军。二十三年（1758），由伊犁率师往天山南路平大小和卓之乱，连克南疆诸城，叛乱乃告平定。乾隆二十五年（1760）正月，兆惠率西征军凯旋回京。乾隆帝亲临良乡，"于城南行郊劳礼"，对他大加抚慰，赏赐御用朝珠与良马，并和兆惠一同回城。随后又在丰泽园宴请兆惠，赏赐给他许多银币。兆惠的图像被陈列在紫光阁。同年二月，兆惠以一等武毅谋勇公、户部尚书入直军机处。乾隆二十六年（1761）又授协办大学士兼管刑部尚书。这一年殿试，又特命兆惠为读卷大臣，以"隆其遇"，兆惠自陈自己不识汉字。乾隆帝就告诉他，试卷上诸臣各有圈点，"圈多即佳卷"。兆惠看赵翼试卷上有九个圈点，就定他为第一名，列第三名的是陕西人王杰。但乾隆帝以本朝以前从未有陕西人成状元，遂把王杰列为第一名，赵翼为第三名。是时，征西军凯旋，而西人又得状元，此事一时传为佳话。

二十七年（1762），擢协办大学士兼领刑部尚书，同刘统勋等勘江南河运，后往勘海口，复察直隶河工，事竣还京，卒，谥文成。兆惠以功晋封一等武毅谋勇公。乾隆二十九年（1764）四月，兆惠返京途中，顺便查勘直隶河工，事竣还京。同年十一月去世。乾隆帝亲临其府第祭奠，当即把公主许配给其子札兰泰，并赋诗悼念，又下令加恩晋赠太保，入祀贤良祠。十二月谥号"文襄"，立《加赠太保原任协办大学士户部尚书一等武毅谋勇公兆惠碑文》，乾隆皇帝称赞"玉河洗甲，葱岭投戈，奏大凯以策殊勋，领司农而综国计，封崇五等，位进中台，载史馆之丹青，用彰丕绩，绘云台之冠剑"，将"人杰"兆惠去世比为"大星陨落"。

兆惠府位于恭王府东侧的前井胡同，兆惠府原有格局已基本不存在，如今只剩下面积285平方米的建筑遗存。兆惠之子札兰泰（？—1788），袭父爵，封一等武毅谋勇公。乾隆三十六年（1771）授散秩大臣。乾隆三十七年（1772）娶和硕和恪公主。乾隆四十五年（1780）十一月十九日，年仅23岁的公主卒。乾隆五十三年（1788）三月十七日札兰泰卒。

三次题写墓碑的马骏烈士墓

马骏烈士墓掩映于日坛公园西北角的苍松翠柏中。马骏，1895年9月12日生于吉林宁古塔，今属黑龙江省宁安县。1912年9月16日，马骏与周恩来、邓颖超、郭隆真等发起组织"觉悟社"。1921年加入中国共产党，是第一批入党的回族党员。1928年2月15日被奉系军阀张作霖杀害。牺牲后，夫人杨秀荣女士按伊斯兰习俗，在南下坡清真寺洗礼后葬于该寺附近的回民公墓，并刻简易石碑一方，上书"吉林宁古塔马君骏之墓，享年三十四岁，中华民国十七年二月十四日立"。此碑现藏南下坡清真寺。马骏烈士牺牲于2月15日，为何碑刻于2月14日？查当年天津2月14日《庸报》，报道了北京军事审判处判处马骏死刑的消息，想必当时的烈士夫人杨秀荣女士不怕军阀威胁，已提前做好安葬马骏烈士的一切准备。今天，静静地立在南下坡清真寺墙角边的墓碑，朴实无华的外表和简练的文字中，却暗藏着一段中共党史上充满血雨腥风的峥嵘往事。

1945年，在中国共产党第七次全国代表大会上，马骏被定为革命烈士。1951年8月，北京市人民政府隆重公祭并重修其墓，修建了新的墓碑，郭沫若为墓碑题写了"回族烈士马骏同志之墓"。此碑现藏朝阳区北顶娘娘庙散落石刻文物库房。

1958年2月，北京举行了马骏烈士牺牲30周年纪念活动，周恩来总理在中南海接见了烈士夫人杨秀荣等亲属。1987年北京市政府决定划专款重修马骏墓，于当年12月完成，并将烈士夫人杨秀荣女士遗骨从宁夏运来合葬墓穴中，全国政协主席邓颖超亲笔题写了新的碑名"回族烈士马骏之墓"。墓为汉白玉石砌筑，台基四周环以白石护栏。马骏墓先后于1984年4月被朝阳区人民政府公布为区级文物保护单位，1987年3月27日被北京市人民政府列为市级重点烈士纪念建筑保护单位。1995年9月，朝阳区委、区政府举办马骏烈士诞辰100周年纪念活动，修缮烈士墓，塑造了马骏半身铜像。1998年初建成马骏纪念室，成为朝阳区第一个爱国主义教育基地。多年来，一批又一批的少先队员、共青团员、共产党员在这里庄严宣誓，烈士追求真理不畏强暴的精神，激励着一代又一代青年人为中华复兴而奋斗。2021年6月，马骏烈士墓及纪念馆经过全面保护修缮，以崭新的面貌对外开放，让人在追思历史中真切感受到马骏烈士的初心使命。

万人送终的陕西协领常保

京通快速路陈家林桥东南侧绿地内，低于地表1米深的陕西协领常公神道碑，立于康熙四十一年（1702）三月十九，记述了皇清通议大夫、拜他喇布勒哈番又一拖沙喇哈番、陕西协领常保短暂而又不平凡的一生业绩。作为一名生活在300多年前的部队中层军官，《清史稿》没有留下只言片语的记录，而读罢陕西协领常公神道碑碑文后，里面一些珍贵的历史信息会让人更加感叹，如此珍贵的文物与其保护环境的巨大落差！

碑文由赐进士及第、经筵日讲官起居注、礼部尚书、兼管翰林院掌院学士、教习庶吉士、眷弟韩菼顿首拜撰文，赐同进士出身、通议大夫、通政使司通政使、眷弟李铠顿首拜篆额，赐同进士出身、通议大夫、礼部侍郎、兼掌国子监祭酒事、眷弟孙岳颁顿首拜书丹。馆阁体的碑文讲述了觉罗氏常保，号诚斋，长白王钦岭人也。其祖父穆布里以骁勇授护军校代佐领事，遇敌敢战，屡著功绩。祖母民觉罗氏，生子三，常保父亲雅思哈乃次子。雅思哈幼年英异多智勇，刚满18岁便任护军校代护军参领事，四征湖襄一平云贵，所向有功，最后征李定国于磨盘山，步军深入血战不止，遂殁于兵。清世祖顺治皇帝悯其忠勇，诏授雅思哈拖沙喇哈番，母亲舒穆鲁氏封宜人。当父亲战死之时，常保方8岁，袭父爵。少年丧父而过早成熟的常保，每每朝会遇到公卿长辈，皆被交口赞美，以为将来所至殆不可量。读书知大义，性明达而恬退，不欲以才智先人，且对寡母孝顺的常保，令母亲都不忍心其过度操劳。慨然流涕的常保对母亲说道："儿官父所遗，痛父殁壮志未伸，期幼子报国，慰吾父地下，母第安之，儿殊不苦也。"

25岁时随征察哈尔，叛军首领布尔尼率军屯居山后埋伏，二百余察哈尔骑兵从山谷间突然杀出，清军惶骇欲奔，常保叱令所部勿动，严阵以待。不久寻机迅速出击遂歼灭叛军。康熙皇帝诏授常保拜他喇布勒哈番加一级、阶通议大夫，夫人那喇氏封淑人，祖父穆布里赠通议大夫，祖母民觉罗氏赠淑人，父雅思哈赠通议大夫，母舒穆鲁氏赠淑人。不久又特旨除常保陕西西安府协领。常保亲随祖母车舆到西安。在西安协领任上，"治事唯勤，驭众以德，鞭扑不加，而强兵悍卒皆奉纪律，无敢犯者"。后又先后改镇汉中、宁夏，所至兵戢民安，德威并著迄于今。

碑文评述常保"处事持大体，善体人情，诸大吏事有疑难必就公咨访，甚见敬礼"。在平定噶尔丹叛乱时，常保随征绝域至克鲁伦河，兵众饥疲兼值疫疠，常保坚持与兵士同量粮食。一次遇敌突袭时，常保奋勇先登，所部感念其恩，无不冒矢石为国效死力。后又至哈密，经历险远，积苦兵间，渐染成疾，返旆西安，常保病重于家！临终遗言："吾垂髫承先泽受国厚恩，念先人赍志殁，常欲捐躯效忠以慰前人，不图一疾至此，命也何忧！但愿我子孙世以忠孝，矢心即祖父为不死矣。"

常保墓碑碑额"坐龙"

常保死后，康熙皇帝下诏，封其"拜他喇布勒哈番又一拖沙喇哈番，准袭三次，赠祖若父如其官"。生于顺治八年（1651）二月十八日，卒于康熙三十七年（1698）七月二十八日，享年48岁。碑文说常保"居陕十七年，归榇之日兵民祖奠，号泣者且万人，又立碑于府治之旁而祀之，曰见碑如见我公也"。爱兵、爱民的常保，万人送终且立碑家中祀奠，其言其行、其情其景如让那些为官不仁者所知，能不汗颜吗？

康熙三十八年（1699）二月归榇京师，四月五日常保被安葬于京东之高米店，又为立石以图不朽，以示孝子贤孙楷法学习。碑文末尾注明高米店，在运河北，距京12里许。高米店就是今天的高碑店村。此碑也是高碑店村名起源非高碑的有力实证！

沃岳氏旌表碑的人性光辉

国贸桥东南角雅诗阁集团中心花园的入口，在东南大厅后，由该集团出资保护的《沃岳氏旌表碑》被精心修砌在一堵影壁式的文化墙上，中间竖立的《沃岳氏旌表碑》被罩于玻璃内，为突出圣旨内容，碑文被金粉重新涂饰，爱护文物的热心不经意间再次遭遇质疑的尴尬。两侧墙壁上是根据碑文内容绘制的沃岳氏孝敬公婆、沃岳氏跪接圣旨图。文化墙背面为2002年8月28日雅诗阁集团敬奉的中、英两种文字的《圣旨碑碑文译文》。

沃岳氏"圣旨"碑及其说明牌

沃岳氏之夫席禧，正蓝旗包衣第一参领第一佐领永泰名下马甲，即称为骁骑的骑兵，每佐领管20马甲。席禧之父束淑为诰封中宪大夫，秩正四品，无实职的虚衔。席禧28岁偶以病终，其妻沃岳氏"年二十二岁"，"尚在少艾"，以公婆年迈无依"誓不再醮"，就是不再改嫁。"自夫故之后，兢兢以冰霜自守，从无笑容，惟见公姑强为承欢"。清代康熙朝规定，节妇旌表的条件是"俱年三十岁以前，夫亡守节，至年逾五十"，方可请旌，礼部代拟圣旨旌表并发给贞节牌坊银两。康熙四十九年（1710），守寡28年，年已50岁的沃岳氏，终于在赢得族人、戚属"怜其贞节而敬重"的光环下，获得所谓的"圣旨"由癸未科五经进士出身、原任翰林院庶吉士、食五品俸的才住撰的《沃岳氏旌表碑》，而贞节牌坊在历史的沉浮中早已灰飞烟灭。

"忠臣不事两国，烈女不更二夫，故一与之醮，终身不移，男可重婚，女无再适。"理学家认为"饿死事小，失节事大"，寡妇改嫁就是失节。元、明两朝特别鼓励殉烈，清代更重视寡妇守节抚养幼孤侍奉公婆，表彰节妇一直延续到民国初期。儒家礼教对妇女"从一而终"的要求，不但丈夫生前贞节，死后还要守节。表彰贞妇始于汉宣帝，但真正成为习俗是理学提倡和官方表彰的结果。夫死后，立志不嫁，坚守贞操，抚育子女，直到老死就是守节的行为，诸如沃岳氏这样的妇女就被称为"节妇"。历史上，不乏对"节妇""烈妇""节女""烈女"的记载和称颂，"烈妇"当然是指随夫殉葬的夫人，而指腹为婚甚或定而未娶的女子，为男子之死而终生不嫁的"节女"或随男子殉葬的"烈女"，其人性泯灭更为发指。

鲁迅说："我们追悼了过去的人，还要发愿：要除去于人生毫无意义的苦痛。要除去制造并赏玩别人苦痛的昏迷和强暴。我们还要发愿：要人类都受正当的幸福。"面对今天日益增高的离婚率，我们除了感叹时代的进步、人性的光辉之外，是否意识到沃岳氏等节妇身上对长辈的孝敬、对家庭的责任感、对爱情的忠贞等传统美德的闪光之处？凭吊这些远逝的灵魂，虽然她们是封建礼教的自觉不自觉，自愿不自愿的无意义的殉道者和牺牲品，但是，如果我们去掉她们头上的男权社会强加给她们的"旌表"的虚伪光环，透过她们的悲惨人生，我们隐隐约约也会听到节妇们对人生的感悟和对生活"真善美"的历史诉求，想必雅诗阁集团竖碑的初衷也有此意。

一封催人泪下的明代悼书

历史上,墓志铭即相当于现在的悼词。同于神道碑、墓表、墓碣,不过葬于墓圹之中罢了。《金石萃编》曰:"《西京杂记》称,前汉杜子春临终,作文刻石,埋于墓前。《博物志》载,西京时,南宫寝殿有醇儒王史威长葬铭,此实志铭之始。其为文不过略叙生平梗概,使陵谷变迁,后人可以识其墓处,觇其行诣而已。"为故人书写墓志铭在隋唐之前原无程式,即使田夫牧隶,常常也会约略记之,书法更是不参经典,草野粗俗无足为怪;撰文察书也不必定为通儒。宋元之后,墓志铭常常请上级官吏或当地名儒撰写,辞藻华丽且更具程式化,言辞不乏浮夸溢美之嫌,墓志铭开始演化为身份、等级的象征,只有富豪士绅、当朝官吏才会有面并请得起有头有脸的人书写墓志铭。墓志由墓志盖和墓志两部分组成,合为一盒。内容无非叙其远近祖、父世系及弟兄妻子并孙子、孙女等,还有升迁、封赏、葬地、生卒年、合葬等诸事,详略互异。

朝代不同,葬俗不同,有无墓志也不尽相同,比如元代的蒙古贵族不树墓冢,当然难发现其墓志了。从已知的墓志看,鲜有夫为妻写、父为子撰、弟为兄书的墓志铭。北京市朝阳区近年出土的明代《故宿松县知县赵公圹志铭》和《明封淑人亡妻陈氏墓志铭》,就是由弟为兄书、夫为妻写的少有的祭悼文。让我们读读《故宿松县知县赵公圹志铭》,从中了解500多年前一位叫赵翌的年轻县长,如何清廉从政、爱民如子,其鞠躬尽瘁、死而后已的精神和英年早逝的情形,不由得让人联想到英雄人物焦裕禄。而我们的赵翌县长是那么的默默无闻,史书无载,地方志也不会为他留下只言片语。只有读书的两位弟弟遵从父命,以60厘米见方600余字的墓志铭,记下了这位仅仅活了40年光阴却历尽人世沧桑的汉子形象,并在当今人心浮躁、精神缺失的情况下,以偶然的形式偶然的幸运走进我们文物工作者面前,冥冥之中似有所悟。作为一介书生,岂敢秘而不闻。

适制之社会，送于有缘相识之人。人与人不同，认识也会不同，什么是幸福？人生如何度过？如何面对名利？

  故宿松县知县赵公圹志铭
  顺天府儒学生弟竑撰
  中书科冠带儒士弟靖书并篆
  文林郎、宿松知县赵公良辅，竑长兄也，成化壬寅七月十八日卒于位。呜呼！恸哉！九月二十七日，妻、子扶柩自任抵京师，暂寄城东僧舍，将择十月十九日祔葬长庆坝先大父参议府君墓侧。父母昆弟子姓痛哭逾礼，仍谓竑从事儒业，宜效子由故事志兄圹。呜呼，竑小子，忍志吾兄耶？然父命不可违也。兄讳翌，良开其字，生七岁而母李宜人物故，天性温纯，事继母潘宜人，尽孝。八岁知临古帖，习书法。九岁读四书，已周一遍。十岁治范经，攻举子业，无间寒暑。时吾父直馆阁任编摩之职，朝出暮归。先大父鞠养维持，最钟爱之。岁十八，选充顺天府庠生。二十三中京闱乡试，三辞乙榜，升太学，为六馆师生所器重。三十八拜安庆府宿松县尹。县久废弛，民且刁顽，兄精白一心，宽猛适宜，民心慑服。革弊除奸，百废修举，仅二载风化为之丕变。劳心殚力，遂成痼疾，尚勉强事事，不少休息，竟至不起，享年四十而已。呜呼！伤哉！卒之日，邑民如丧考妣，争相执绋攀送，郡侯以下咸以失一贤尹为深惜，两京公卿士夫知吾兄者，靡不为之咨嗟。呜呼！造物者胡不假之以年少，俟大有所施以观厥成哉！否则不在其身则在其后人欤？娶蒋氏，太仆少卿宗仁女。子男二，曰恩，曰忠。女四，其一许嫁兵部郎中叶公应福长子政。余在室。呜呼！吾兄已矣，吾父母垂白在堂，所赖以终养者谁邪？吾昆弟五人，所望以教益者谁耶？子女孱弱，所恃以抚育成立者谁耶？悠悠苍天，哀痛何极，故特抹泪为之铭。铭曰：

  桐梓奇材，产于山阿；其蓄既久，其业不多，其悲奈何！

一通 200 年前的护林禁约碑

护林禁约碑在落架清河营娘娘庙残存东西配殿时,于墙角发现残碑半截,当时文物管理人员责成北京润泽房地产开发公司负责寻找碑的上半部分,并妥善安排好耳房落架时发现的带有"五七""反帝""反修""清窑"字样的压模红砖。幸运的是护林禁约碑碑身上半部分在院外水沟里被找到,经过石匠妙手回春,缺少部分碑文的护林禁约碑在"文革"人为毁坏后再现庙中。

护林禁约碑碑座双面浮雕"二龙戏珠"。碑额阳面浮雕"五福捧寿"纹,额题"万古流芳";阴面浮雕"灵芝瑞草"纹,额题被剐划,似为"永垂万年"。纹式设计雅俗得体,雕工精美。刻碑人为昌平生员王臣敬,落款时间为"乾隆五十八年",碑文内容为"特授顺天府大兴县正堂、加□级、记录五次、胡,为严禁事照得清河营民人朱弼呈,称窃本村地□,俱多沙碱洼薄,难种五谷。于乾隆三十六年间,合村公议栽种杨柳,倘旱潦之时可砍伐,以备交纳钱粮,是以立有公议。另雇看树之人并力照管村中一切□□,以防贼盗偷砍,如议之后有会内偷砍者立有罚规,迄今数十年来并无□□。□于本年八月间,有白门张氏坟树被人偷砍,业经呈明在案,嗣后诚恐□□□道,复横行砍伐,彼时控诉又费周章,伏乞恩准给谕等情。据此合□□□,亟立特谕本村居民及会中人等知悉,嗣后务须小心防护,密察窃砍□□□□自盗伐,许会首人协同地总执送至本县,以凭按法究治,绝不姑息,特谕"。

2009 年 8 月 27 日,清河营娘娘庙出土的乾隆五十八年(1793)大兴县正堂特谕"护林禁约碑"复立。"护林禁约碑"证明早在 200 年前,中国人便有植树、护树的传统。1914 年 11 月中华民国政府颁布了我国近代史上第一部《森林法》,1915 年 7 月,又规定将每年"清明"定为植树节。山东省东营市历史博物馆保存的"植树纪念"碑,刻有"广饶县知事韩树言率同植树并立""中华民国八年四月植树节";北京西山蟠龙山立有北京市最早的植树纪念碑,碑阳镌"辑威将军京兆尹刘梦庚植",碑阴刻有"中华民国十三年植树节"字样,证明当时的植树节正是"清明"这一天。1925年3月12日,孙中山先生逝世。"国父"生前提出"造林是民生建设重要项目",为遵行"国父"遗训,民国政府便定3月12日国父逝世纪念日为植树节。在内蒙古将军衙署博物院内,竖立着绥远省政府主席傅作义谨建的"中华民国二十二年(1933)绥远省植树节暨孙中山先生逝世八周纪念"碑。浙江省中山纪念林碑刻有"浙江省中山纪念林,中华民国十七年三月植树节、浙江省政府植树运动大会建"的字样。1979年全国人大常委会把3月12日定为我国的植树节。

以"雍正工"名垂青史的户部尚书海望

奥林匹克公园，乌雅氏第八世孙户部尚书海望墓及祖坟墓丘均早已平覆，现尚存螭首龟趺碑四通，一字排开均为南向，由西向东依次为：立于康熙三十二年（1693）的海公神道碑；立于乾隆十一年（1746）碑额篆写"恩纶宠锡"的海望上三代墓碑；碑文因碑石风化而漫漶不清的立于乾隆十一年（1746），额篆"世代恩荣"，碑文为儿子海望敬表、孙子衡位书丹的海望父母墓碑；立于乾隆二十年（1755）首题"原任户部尚书海望碑文"的海望墓碑。

海望，乌雅氏，满洲正黄旗人。初授护军校。雍正元年（1723），擢内务府主事。累迁郎中，充崇文门监督。八年（1730），擢总管内务府大臣，兼管户部三库，赐二品顶戴。九年（1731），迁户部侍郎，仍兼管内务府，授内大臣。十三年（1735），命办理军机事务。世宗疾大渐，召同受顾命。高宗即位，命海望协办总理事务大臣。乾隆二年（1737），泰陵工成，授拖沙喇哈番世职。寻罢总理事务处，复设办理军机处，海望仍为办理军机大臣。叙劳，复加拖沙喇哈番世职。四年（1739），加太子少保。六年，调礼部尚书。十年（1745），上以海望精力渐衰，罢办理军机。十四年（1749），复调户部尚书。二十年（1755）卒，遣散秩大臣博尔木查奠茶酒，赐祭葬，谥勤恪。

海色神道碑记

海望家族墓碑碑林

　　由经筵日讲官起居注、礼部尚书、兼管翰林院詹事府事、加二级张英顿首拜撰，碑额篆书"海公神道碑记"，首题"皇清诰封光禄大夫海公偕妻诰封一品夫人那氏神道碑"，海公指海望五世祖海色，其子都察院左副都御史多弼，即碑文中的多公，系海色三子，原任都察院左副都御史、内务府总管兼佐领。"多公之曾祖父讳图囊、祖父讳萨穆哈、父讳海色皆以多公之秩封光禄大夫，曾祖母巴氏、祖母郗氏、母那氏皆封一品夫人。""今多公历任度支兼辖禁旅，皆以清勤敏练著闻，特擢副宪为台班之长，又为内大臣总领内府事务。"再续以海望上三代碑，海望曾祖父原任员外郎海色、海望祖父原任都察院左副都御史兼内务府多弼、海望之父留住，乾隆十一年（1746）"以覃恩赠为光禄大夫、内大臣、户部尚书兼内务府总管"，海望曾祖母那氏、继曾祖母查鲁式氏，祖母赵氏、继祖母夫刹氏，母赵氏，以覃恩封赠为"一品夫人"。两碑比较可以看出，海望曾祖母即多弼之母那氏在康熙三十二年（1693）被封为"一品夫人"，在去世后的乾隆十一年又被赠为"一品夫人"。

　　在明清之际，五品以上的官员，如果功绩超群都有机会得到皇上的封赠命令即诰命。而六品以下的官员所得到的则被称为敕命。《清会典》载,诰命针对官员本身的叫诰授;针对曾祖父母、祖父母、父母及妻时,生者叫诰封,殁者叫诰赠。清代诰命用五色丝织品精制,书满汉文,皇上钤以印鉴。诰命夫人跟其丈夫官职有关,有俸禄,没实权。夫人从夫品级,故世有"诰命夫人"之说。

被雍正皇帝评价为"心地纯良,但识见平常"的海望,虽身为"户部尚书"这一高官,查《清史稿》《清实录》会发现其行政所为多次遭非议,但其总管内务府大臣时,出自宫廷造办处的"雍正工"瓷器、珐琅器、漆器、宜兴壶等,都与海望有关,年希尧、唐英、郎世宁、怡亲王等享誉后世的工艺大家,与海望关系甚密。今天看来,心地纯良的海望绝不会想到由其负责的内务府,无意中留下了一批令后人难望项背的工艺大师巅峰之作。

英家坟旧事

2007年7月英家坟出土了石五供，墓主是谁一时难以决断。英家坟紧邻慈云寺，而石五供恰恰出自慈云寺基址，稍有文物常识的人都会疑问，寺内怎么会出现墓圈的东西呢？追忆当时的挖掘，石五供被集中埋于地下，当为附近墓地移至此地。

2007年7月出土的石五供

英家坟一带曾是清嘉庆年间名将勒保墓地。勒保费莫氏（1739—1819），字宜轩，谥文襄，满洲镶红旗人，大学士温福子。乾隆二十一年（1756）监生，从经馆誊录、中书科笔帖式、军机章京、山西归化城理事同知、兵部堂主事、兵

英家坟小学关帝庙

部司主事、兵部员外郎、宝泉局监督、兵部郎中、库伦办事章京、库伦办事大臣、太仆寺少卿、内阁学士兼礼部侍郎衔、正蓝旗汉军副都统、正蓝旗满洲副都统、兵部右侍郎、库伦办事大臣、理藩院侍郎、山西巡抚，一路虚职做起，到乾隆五十二年（1787）署陕甘总督，才算实授。后来又加太子太保、云贵总督、威勤侯、湖广总督、威勤公、四川总督、经略大臣、蓝翎侍卫、四川提督、四川总督、太子少保、拜武英殿大学士。嘉庆十五年（1810），召来京供职。一度因在四川隐匿名揭帖未奏，降授工部尚书，调刑部，出为两江总督。寻内召，复授武英殿大学士，管理吏部，改兵部，授领侍卫内大臣。十八年（1813），充军机大臣兼管理藩院。十九年（1814），以病乞休，食威勤伯全俸。二十四年（1819），卒，诏赠一等侯，谥文襄。史书评价勒保"知其父金川之役以刚愎败，一反所为，寄心膂于诸将帅，优礼寮属，俾各尽其长，卒成大功。晚入阁，益敛锋芒，结同朝之欢，而内分泾、渭。既罢相，帝眷注不衰，命皇四子瑞亲王娶其女，以恩礼终"。子九，长英惠，科布多参赞大臣，袭三等威勤侯，卒；孙文厚，嗣爵。第四子英绶，工部侍郎；孙文俊，江西巡抚。

勒保短小精悍，多智数。清代官场"多磕头、少说话"的"宰相明训"，典故就是出自勒保。四川总督时，有一次觐见，嘉庆帝与他拉起家常，问道："你们做督抚的，僚属中间哪一等人最讨便宜？"勒保不假思索，回答得十分干脆："能说话者最讨便宜。"嘉庆帝对勒保的回答深表赞成，说："是啊。工于应对，有才能的人更能表现他的长处；即使没有才能的人，也因为口才好掩盖自己的短处而展示长处，虽然事后觉察，但当前已被他蒙混过去了。再者说来，政事不依赖上奏，汇报就不能畅达，有极好的事，往往会被不善辞令的说坏。这就是圣人所以设有言语一科啊。我每当遇到那些朴实无华的官吏，一定让他们把话说完，也是因为这个缘故。"勒保回来后，还将嘉庆帝的这番话到处宣扬。

勒保墓丘早已荡然无存，遗留下来的《诰封勒保夫妇碑》《赐谥勒保碑》也于20世纪80年代移至五塔寺。《诰封勒保夫妇碑》是嘉庆十四年勒保66岁生日时，皇帝诰封勒保夫妇的诰命。《赐谥勒保碑》是嘉庆二十四年皇帝赐予的谥号。

"英家坟"之名起源于清代体仁阁大学士英桂墓。英桂，字香岩，赫舍里氏，满洲正蓝旗人。道光元年（1821）举人，以中书充军机章京，晋侍读。授山东青州知府，迁登莱青道。擢山西按察使，调山东，署布政使。咸丰三年（1853），擢河南巡抚。粤匪扰湖北，英桂抵南阳筹防，督三省军务。迁山西巡抚。同治元年（1862），迁福州将军。七年（1868），署闽浙总督，召为内大臣。十一年（1872），授兵部尚书，兼总管内务府大臣。调吏部，兼步军统领。光绪元年（1875），协办大学士。三年（1877），授体仁阁大学士。四年（1878），以病乞休。五年（1879），卒，赠太子太保，谥文勤。晚于勒保去世整整一个甲子的英桂，其墓丘也建在离慈云寺不远的勒保墓地一带，如今早已平覆的英桂生前做梦也不会想到，他的政绩早已不为人知，却为后人留下"英家坟"这一地名，可谓世事多舛，谁人能知？而石五供的出土更让后人扑朔迷离，勒保还是英桂？如同英家坟地名一样让人回味无穷！

雍正皇帝奶妈的御祭碑

雍正皇帝奶妈王氏御祭碑立于三间房地区那桐祠堂。在垂花门东古槐树下，被切割成夹杆石的御祭碑，碑额、碑边沿均被凿去，御祭汉、满文首列被凿掉，石碑沿"雍正三年"四字中间劈开。大清法律何其严酷，文字狱之灾屡见史志，确凿证明石碑改造当在民国时期。新中国成立后破"四旧"，还会有谁费力改碑做旗杆夹杆石呢？御祭王氏碑应为原地之物，想必看上此地风水、臭名远扬的清末重臣、民国大员那桐，在修建自己墓冢之时"鸠占鹊巢"，不仅侵占了雍正皇帝奶妈的墓地，毁坏了雍正皇帝为奶妈王氏所立的御祭碑，还侵占了雍正皇帝为奶妈所建的慈育堂！批准并亲题"清华园"的那桐，文墨并非浅薄，谁知道竟做此下贱之事。至今立于清华大学内，像丰碑一样被学子景仰，由那桐题写于辛亥年（1911）的门楼，怎不让人联想到东岳庙琉璃牌坊传说为严嵩题写的"秩祀岱宗""永延帝祚"，两者书法不可谓不精，而书写者的人品则大打折扣了。

关于清初诸帝保母的封典，并载雍正朝修《八旗通志》初集《列女传一》，但在乾隆朝重修《八旗通志》二集中，这些记载已被全部删除。可能是新一代统治者无意沿袭旧制，决定改弦易辙，并且隐去这段历史。王氏身世不详，世宗宪皇帝之保母死后也被追封为顺善夫人，雍正元年谕祭四次，立碑其墓。从残存石碑看，立碑时间为雍正三年（1725）而不是雍正元年（1723）。有一种说法，雍正曾在双桥那儿给奶妈王氏盖了一大片宅子养老，取名慈育堂。所以那桐墓上的两进四合院被认为是雍正时期的王氏慈育堂，从院内古槐树的粗度看，似为200年以上。想必那桐立墓冢于王氏慈育堂周边时，不知用何种手段侵占了王氏慈育堂，近百年的玉兰花证明那家曾修缮使用过王氏慈育堂，以致后来人只知那桐不再知晓奶妈王氏了。

雍正皇帝胤禛即位时已45岁，在清朝入关后的十个皇帝中，他即位时的年龄最大。小时曾和乳母王氏一起在康熙以前避痘的福佑寺里避过痘，后来亲笔为福佑寺里的两个牌楼写了"圣德永垂"和"慈育群生"两幅字。"慈育群生"这牌坊，竟是他给奶娘王氏写的。雍正即位初年，册封保母王氏为顺善夫人。雍正三年"御祭"《顺善夫人王氏碑文》中，雍正皇帝明示"朕惟古者慎选诸母，必温良慈裕之皆全；朝廷追录旧劳，贵存殁始终之罔替，厥有辛勤著绩，夙夜殚心者，必申锡以扬芬。爰追褒而酬勋"，"尔王氏职司鞠育，性实恭和"，笃念"前功焕寒之候调护多方"之功，"追加优恤，牺尊致奠"，"加封用树丰碑而表德"，希望"殚乳抱于生前，竭诚无怠，享荣华于身后"。慈育堂与福佑寺"慈育群生"条幅一致，生老于此的王氏，用"柴鸡变凤凰""丑小鸭变白天鹅"的谚语可谓不过。

雍正皇帝的另一保母谢氏，墓丘在大兴区榆垡黄各庄村东，墓地南向，坟丘、神路、石桥、石五供已无存，仅留汉白玉华表、牌坊、墓碑。墓碑是清雍正八年（1730）六月，追封其保母谢氏为恭勤夫人的颂德碑。碑北立汉白玉华表一对，石牌坊为四柱七楼汉白玉仿木构造。碑文中颂扬了谢氏的劳绩，回忆幼年时在她身边嬉戏的情景。尽管谢氏的音容笑貌仍旧历历在目，但生灵已逝，阴阳两隔，不能不令胤禛感慨人生之短暂，年月之无情。除了王氏、谢氏，据说胤禛的保母还有刘氏，封安勤夫人。

奶公因曾协助妻子看护年幼皇帝，皇帝施恩奶母，不能不泽及奶公，由此形成特殊的旗人世家。优待措施主要有：赐以世职、世职由子孙承袭。《和硕怡亲王允祥等奏查奶母子孙承袭封赏折》载称：雍正二年（1724）十一月初九日奉旨：奶母之子海保，着补授包衣员外郎，赏戴翎子，赐银二千两。再，奶母之诸子，准袭何等官爵，着查成例，俾海保、讷尔特依等承袭。寻奏准，按照奶母诸子袭爵成例，赐海保拜他喇布勒哈番世职。保母隶籍内务府，出身无不卑贱，一旦有宠于当朝，子孙随之发迹。挑选奶母，历朝有不同的规定。清朝之制：凡挑选嬷嬷妈妈里，据宫殿监督、领侍太监等所传，即交各佐领、管领查选，将应选之人送与宫殿监督、领侍太监等挑取。雍正七年（1729）十月奉旨：阿哥公主等之嬷嬷妈妈里，着照雍和宫例，每月赏给银二两、白米二斛；看灯火妈妈里，赏给银一两、白米一斛半。

修缮后的王氏慈育堂，被改名为乐成会馆。雍正奶妈王氏与重臣那桐的阴宅官司，恐怕王家、那家后人也难以说清。看见枝繁叶茂的各种树木，只能感叹世事沧桑啊。

与水结缘的西安将军博霁

　　高碑店污水处理厂内绿地，两通坐东朝西的高大石碑十分醒目。普查队员在漫漶不清的碑文中仔细辨别着《诰封博霁碑》《博霁神道碑》的分属。在成片的银杏林中，遍地都是蒲公英、苦麻菜和枯萎的野花，久居城市之中，忽现苍茫、宁静、原始风光，心中难免产生时光倒流的错觉。

博霁神道碑、诰封碑

博霁神道碑

博霁，巴雅拉氏，满洲镶白旗人，《清史稿》有传。自护卫授銮仪使，擢镶白旗都统。康熙二十四年（1685），授江宁将军，调西安。三十五年（1696），抚远大将军费扬古率师西剿噶尔丹，命博霁率满洲兵自宁夏会师，大败噶尔丹于昭莫多。叙功，授世职拖沙喇哈番。圣祖尝谕大学士等曰："博霁自江宁赴西安，军民攀留泣送，直至浦口。非有善政，何能如此？诚可谓将军矣！"四十二年（1703），上幸西安阅兵，谕曰："西安官兵皆娴礼节，重和睦，尚廉耻，且人才壮健，骑射精练。朕巡幸江南、浙江、盛京、乌喇等处阅兵，未有能及之者，深可嘉尚！"赍博霁御用橐鞭、弓矢。四十三年（1704），授四川陕西总督。上以山、陕屡岁祲，欲于河南储粟备赈，溯黄河挽运，虑三门砥柱水急，舟不得上，命博霁偕山、陕、河南巡抚会勘。寻合疏言："三门滩多水激，挽运险阻，仍以陆运为便。"从之。四十七年（1708），卒，赐祭葬。《清史稿》华显传曾记述康熙四十年（1701）"上幸西安阅兵，与博霁、鄂海同受赐"。

康熙四十八年（1709）《诰封博霁碑》在北图有拓片保存，《雪屐寻碑录》也有文字辑录；而珍贵的《博霁神道碑》既无拓片留传，不知何故《雪屐寻碑录》也未登录，甚是可惜！对生平有详细记述的《博霁神道碑》，因碑文自然风化损毁，只能靠《诰封博霁碑》的一些记载弥补史书记载之不足，"风采严明""吏肃民安"的总督四川陕西地方提督军务兼理粮饷、兵部尚书兼都察院右副都御史、仍兼管陕西将军事务、世袭拖沙拉哈番加三级博济，"初任亲军校，二任六品典仪，三任五品典仪，四任加一级，五任二等护卫，六任一等护卫，七任管王府事，八任加一级，九任长史，十任蒙古副都统，十一任蒙古副都统佐领，十二任蒙古都统，十三任满洲都统，十四任江宁将军，十五任西安将军，十六任给拖沙喇哈番，十七任加一级，十八任今职"。在博济死后第二年"以覃恩特授尔阶光禄大夫"，妻傅查氏封为一品夫人。

拉藏汗是蒙古和硕特部的重要首领，继其曾祖顾实汗、祖父达延汗、父亲达赖汗之后，统治西藏十数年之久。在他统治西藏时期，先后发生了他与第巴桑结嘉措的争权斗争和立废达赖喇嘛以及准噶尔台吉策妄阿喇布坦入侵西藏的重要事件，而时任西安将军的博霁见证并执行了清王朝的对和硕特蒙古的政策。1996年翻译出版的《康熙朝满文朱批奏折全译》，就有两条博济的史料，弥足珍贵。康熙三十九年（1700）十二月命内阁撰拟谕书，劝拉藏汗返回，"仍准于青海一带原居之地居住"，并将谕书驿送西安将军博霁遣官转送。康熙四十年（1701）十月初，青海亲王扎西巴图鲁遣人向西安将军博霁报告，拉藏掳掠其所属"居于穆鲁斯河之拉特乌番人百户，又将达赖戴青我所属居于吉鲁克塔拉之番人尼雅木苏、囊钦等人，多被掳掠"。与此同时，青海亲王扎西巴图鲁还禀报博霁，他已派使往报拉藏，"拉藏若将所掳我属人等从速归还，拉藏或去达赖喇嘛处，或来我处则已。拉藏若不作速归还所掠我方人等，不去达赖喇嘛处，亦不来我部，则我等将出兵往拿拉藏"。康熙帝阅过博霁等人奏折，认为拉藏掳掠扎西巴图鲁属人一事虚实难保，并未改变劝谕拉藏返回青海原居地的态度。但是，由于鞭长莫及，这一指示无法落实。在扎西巴图鲁的武力威逼下，拉藏只能率众南下，进入西藏。

作为康熙朝一代有名的封疆大吏，《清史稿》在评论博霁时说道，康熙中叶后，天下乂安，封疆大吏多尚廉能，奉职循理。若博霁等整饬武备，安不忘危，皆能举其职者。如今，葬于高碑店污水处理厂原小郊亭村的西安将军博霁，墓丘早已平毁，希冀借石碑"千古留（流）芳"的碑文，如同岁月一般斑驳。曾经叱咤风云威震塞外的一代枭雄，魂系京东郊亭之野。冥冥之中与水有缘的博霁，生前治理黄河水害，死后300年，墓地边的现代化污水处理厂，可以告慰博霁的在天之灵了。

五塔寺内的朝阳石刻

潘家园街道办事处华威西里小区内的和硕显亲王谥懿富寿墓、温良郡王猛峨墓、肃忠亲王善耆墓,仅留下了1983年存入日坛公园的《和硕显亲王富寿墓碑》,及存入海淀区五塔寺内的富寿墓石享堂。

富寿亦音译福绥、福寿,第一代肃亲王豪格四子,袭爵仅一个月便病卒,由其子承袭和硕显密亲王。富寿墓石享堂做工精细,仿大殿模式,四面开门窗,代表了康熙时期石雕工艺的最高水准,现为北京石刻艺术博物馆镇馆之宝。康熙十四年(1675)四月二十一日立的《和硕显亲王谥懿富寿墓碑文》也成为日坛公园的一道风景!

在五塔寺碑林中,我们找到了原立于朝阳区英家坟的《赐谥勒保碑》《诰封勒保夫妇碑》,原立于朝阳区白庙村的《诰封农泰碑》,原立于朝阳区东坝镇的正德皇帝《敕谕碑》和天启四年(1624)《普惠生祠香火地亩疏碑》,五通明清时期的石碑共同点都是非常高大,在20世纪八九十年代农村城市化进程中,热心的市民打电话给市文物主管部门,由负责全市石刻文物保护工作的北京石刻艺术博物馆,费尽周折移到五塔寺。在当时来说,不失为抢救田野散落石刻的一种保护手段。在文物意识大大增强的今天,作为厚重文化资源的石刻都被各区县当作地标性的文物加以保护、利用、开发,所以说特定时期造就了五塔寺碑林的诞生。

白庙村原有三通石碑,康熙二十四年(1685)三月二十四日立的《诰封宋郭拖碑》《诰封金布碑》,宋郭拖、金布父子,满洲正蓝旗人,诰封碑均为满汉文合璧,碑阴无文,碑额篆书"诰封"。金布官至内大臣,爵位二等精奇尼哈番(即子爵)加三级,恩授光禄大夫阶,夫人觉罗氏封为一品夫人。父亲被追封为光禄大夫二等精奇尼哈番,母亲纳喇氏被追封为一品夫人。两通碑在10多年前由朝阳区文物部门移立元大都土城公园。村中另一通石碑就是康熙三十年(1691)十月十一日为农泰妻富察氏立的《诰封农泰碑》，碑文记述农泰初任拖沙喇哈番即云骑尉，二任拜他喇布勒哈番即骑都尉，三任拜他喇布勒哈番兼一拖沙喇哈番，四任阿达哈哈番即轻车都尉，五任补授沧州城守尉，六任二等阿达哈哈番，世袭罔替。"哈番"是满洲官职的后缀，分为"世职""实职"。世职通常是因功收封，没有真正的职守，但是却标志着家族的地位。在墓碑中看见的"哈番"通常是世职。

正德皇帝《敕谕碑》立于正德二年（1507）八月初三日，除额篆"敕谕"外，落尾正德二年左右竖刻"敕命之宝"小字，碑文敕谕"官员军民僧俗人等"，已故御马监太监钱能葬地"在通州安德乡"，茔地旁最胜寺住持僧录司右觉义真诚护敕茔地，特拨草场地10顷，由真诚住持和锦衣卫指挥钱璋"分耕看守，永奉香火及修理坟域等用"，"敢有故违者罪之如律"。正德二年《敕谕碑》映射出明代太监的专权和宦官的势力。《普惠生祠香火地亩疏碑》，记述的是明代司礼监太监魏忠贤在东坝建普惠生祠之事，到了清代演变为乾隆第三女固伦和敬公主和额驸色布腾巴勒珠尔的墓地，其后裔陆续葬此。据说该墓还是大学士刘墉亲自监修的，坟地在民国时期几经伐掠、盗挖，现仅有松树林残存，一对石狮子还摆在北京一轻高级技术学校门口。可惜的是，《普惠生祠香火地亩疏碑》碑阳早已粉化，文字脱落；而碑阴马房、商号成为研究明代军事、东坝商业的重要文献资料。

普惠生祠香火地亩疏碑　　　　　　　　赐谥勒保碑和诰奉勒保碑

诰奉农泰碑、金刚塔

石享堂局部

移立元大都土城公园内的两通延寿宫碑

正德皇帝敕谕碑

内侄为姑父撰写的墓表

四环路南磨房大郊亭桥东南侧某汽车修配厂,一通残留部分海水江涯的清碑被铁栅栏隔成小房用以保护,只是碑额露天,碑身及龟趺被遮挡。该碑碑阳为康熙二十三年(1684)九月二十四日满汉文诰命,碑阴为康熙四十二年(1703)内侄阿金为姑父觉罗公撰写的墓表。

墓表因其竖于墓前或墓道内,表彰死者,故称。明徐师曾《文体明辨序说·墓表》:"按墓表自东汉始,安帝元初元年(114)立《谒者景君墓表》,厥后因之。其文体与碑碣同,有官无官皆可用,非若碑碣之有等级限制也。"清恽敬《与李爱堂》:"惟是墓表之法,止表数大事,视神道碑、庙碑体不同,视墓志铭体亦不同。墓志铭可言情,言小事,表断不可。"姚华《论文后编·目录中三》:"与墓碣式同而名异者,有墓表,有墓专。表则竖于墓外,专或藏于墓中。"觉罗公墓表是朝阳区现存200余通石碑中唯一的一通墓表。而且,碑阳刻诰命,墓表刻于碑阴,墓表撰写者又是墓主的内侄,该墓表有别于传统的墓表刻于碑阳的传统形式,但是"详述其大略,表诸墓道,以志不朽",充分说明阿金为姑父觉罗公撰写的墓表,并未改变"表数大事"的"墓表之法"。

根据墓表可知,觉罗公之曾祖阿尔塔玺家木起,天命初率诸豪众归附,妻以宗女,称为木起姑父,官佐领,命护治其属。长子阿山,累功爵国公,官都统;次子,以朴勇佐命,在十六大臣之列。阿达海是觉罗公的爷爷。觉罗公之父查他,以宁远、锦州、松山功授拜他喇布勒哈番,又以平闯贼及破腾纪斯图谢图汗,拜累汗功进三等阿达哈哈番,世袭罔替历任王府长史。六子皆官显要,觉罗公是其第五子,母亲富察氏。觉罗公生于天聪九年乙亥(1635)十二月初三日亥时,卒于康熙四十二年癸未(1703)三月十六日申时,享年六十有九。子益赛,娶副都统张公女,孙二尚幼,女七人俱适名族。卜葬于广渠门外之郊亭。觉罗公夫人,便是墓表的撰写者阿金的姑母。

世袭罔替历任王府长史的觉罗公，诰命和墓表记述名讳"法礼"，以世勋授多罗信郡王府三等护卫，旋升二等护卫，再升一等护卫，擢本府长史。康熙二十三年（1684）九月二十四日"以覃恩特授尔阶光禄大夫"，命尔王府长史加三级，故墓表称其妻郭罗洛氏诰封一品夫人。墓表由赐进士出身、举政大夫、日讲官、起居注、翰林院检讨加二级、沽河郭罗洛阿金撰，诰授举政大夫、户部湖广清吏司郎中、海宁陈奕禧书，赐进士及第、文林郎、国子监司业、北平黄淑林篆。令法礼生前想不到的是300年后，葬在朝阳的法礼生前服役的郡王府也整体迁移至朝阳，可谓前世结缘后世生果。

法礼墓表碑

长史是中国古代官职名，其执掌事务不一，但多为幕僚性质的官员。长史最早设于汉代，当时丞相和将军皆设有长史官，相当于现在的秘书长或幕僚长，将军下的长史亦可领军作战，称作将兵长史，汉代名将班超即是将兵长史。边地的郡亦设长史，为太守的佐官。魏南北朝时州郡官员底下多设长史。至唐代州刺史下亦设立长史官，名为刺史佐官，却无实职，亦称为别驾。但大都督府的长史则地位较高，甚至会充任节度使。明清时代的长史设于亲王、公主等府，管府中之政令。多罗信郡王府长史法礼，当然主管郡王府中之政令了。

团结湖公园内的诰赠额公碑

团结湖东北畔，康熙四十八年（1709）十二月初八日立的皇清诰赠光禄大夫经筵讲官议政大臣吏部尚书兼佐领加三级额公之碑，静静地伫立在湖边绿树之中，鲜红的秋果团团簇簇绽放在碑侧，额公有灵得此美景能不快哉！20世纪80年代中期，刚刚成立的朝阳区文物管理所，将散落于小庄村的皇清诰赠光禄大夫经筵讲官议政大臣吏部尚书兼佐领加三级额公之碑移至团结湖公园，后又移至现址团结湖东北畔，构成公园的一道风景。

小庄村是原朝阳区文化馆、图书馆所在地，旧为自然村，俗名"小猪店"。历史记载村内原有辅国公喇世塔墓、贝子永硕墓、都同统凯音布墓，而诰赠额公碑证明吏部尚书马尔汉之父也葬于小庄村。诰赠额公碑阴阳碑额均刻篆书满汉文"诰赠"，碑阳首题"皇清诰赠光禄大夫经筵讲官议政大臣吏部尚书兼佐领加三级额公之碑"碑文内容为子孙官职与墓主的亲属关系，长子一等侍卫兼固山达马库；孙三等侍卫色尔弼，员外郎色克图、色尔泰；曾孙监生定成、佛保、明星。次子经筵讲官议政大臣吏部尚书佐领加三级马尔汉；孙内阁中书定柱，四等侍卫关柱；曾孙候补主事兆清，监生兆泰。碑文为满汉文合雕。碑阴雕刻立碑的时间为"康熙四十八年十二月初八日敬立"。

马尔汉，清代志书亦有写作"玛尔汉"，满洲正白旗人，额尔敏地方兆佳氏。顺治十一年翻译举人，授工部七品笔帖式，后累迁刑部员外郎、御史、理藩院司务、户部郎中、翰林院侍讲学士迁兵部右侍郎、兵部左侍郎、左都御史、兵部尚书、充经筵讲官、议政大臣、吏部尚书。康熙四十八年（1709）正月乞休致仕，五十七年（1718）卒，享年85岁。马尔汉为人老诚忠厚，做事谨慎小心。雍正八年（1730），"特恩加赠太子太傅"，崇祀贤良祠。乾隆元年（1736），追谥恭勤，遣官致祭。

康熙四十八年正月，功成名就的马尔汉乞休致仕，被恩准退休不久，按清朝法律，老父额公被追赠"光禄大夫经筵讲官议政大臣吏部尚书兼佐领加三级"，诰赠碑立在墓丘之前，炫耀着父以子荣的无上荣光。中国人历来有重视子女教育的传统，"一人得道，鸡犬升天"，原任低级官吏前锋校的马尔汉，死后竟因儿子而享受"议政大臣吏部尚书"的祭奠，令人刮目相看的同时，怎能不会引起趋之若鹜的崇拜效果呢！时至今日，儒家文化圈的东亚人，仍然惯守着无私为子女的美德，与西方倡导的独立、自主的创业思维，可谓泾渭分明，是也？非也？

诰封一等侍卫保德祖父母、父母碑

万达广场上的星纳碑

星纳碑原放于办公楼北边工地，该碑在20世纪80年代和90年代的两次文物普查中，都登记在案。文物部门从保持文物原真性的角度出发，历来主张原址保护文物，因此一直未经过挪动。此碑为汉白玉，碑长约3米，宽近1米，厚半米，碑阴向上，空无一字，四周有六对非常精致的"双龙戏珠"花纹。当时，碑阳向上，通过石碑与地面的空隙，可以看到上面刻有汉文和满文。石碑旁卧有一个1米多长的底座龟趺，碑身和龟趺保存完好。2006年6月中旬，万达广场开发商出于对文物保护的公益责任，将墓碑妥善立于今地，成为标示当地历史文脉的景观。当普查队员对该碑进行测量登记拍照时，很快围拢过来一群行人，询问石碑的来龙去脉。

因为史志缺少对碑文的辑录，星纳在《清史稿》中只有寥寥几笔的记录，此碑可弥补历史记载之不足。故全文抄录了《原任太子少师工部尚书加二级因年老原品解任谥敏襄星纳碑文》："稽古建业，驱策群力，不吝爵赏，以劝有功，昭示后世，用传不朽，所以励忠，盖甚备也。尔星纳，性行纯良，才能称职，历任司空，著有勤劳。因年老，而赐休冀，颐养以永世。忽焉长逝，朕甚悼焉，特赐谥曰'敏襄'，勒诸贞珉，永光泉壤，国典臣□，庶其昭垂无斁哉。康熙十四年四月十五日立。"

《东华录》记载：顺治十年（1653）癸巳，命智顺王尚可喜统所部赴孔有德军，协征湖广九江。洪承畴疏报：擒获谋犯省城伪瑞昌王朱谊泐，并其党，命斩之。九月，肃亲王豪格奏：大军于三月抵西安，遣尚书星纳剿邠州贼寇，降数百人。又遣固山额真杜雷剿庆阳一带，斩其渠石二等。又遣固山额真巴颜等扑剿延安一带诸寇。一月贼首刘文炳、康千总、郭天星、张破脸等拒敌，击斩之。大军于五月初自西安起行，分遣贝勒尼堪等由栈道向汉中，侦知贺珍围汉中，以兵守鸡头关，尼堪等击歼之。史志的零星记载，却反映出星纳在清初南征北战统一国家的过程中立下过赫赫战功。

星纳虽然功勋显赫，且"性行纯良，才能称职，历任司空，著有勤劳"，但因植树问题受到革职的历史瑕疵，在《原任太子少师工部尚书加二级因年老原品解任谥敏襄星纳碑文》中，只字未提。起因是关外三陵之首的清永陵坐落在辽宁新宾满族自治县启运山上，埋葬着努尔哈赤的远祖、曾祖、祖父和父亲（即肇、丰、景、显四帝）的陵墓。据《满洲四礼》记载：陵树原为遮阳蔽日、藏风收气、培植风水之作，能成乔木方有古墓之象，所关风水最要。天聪八年（1643），即昭陵开始兴建的那一年，按照皇太极的旨意，礼部传谕工部，效仿古代陵墓制度在福陵和昭陵栽种松树，福陵拥有了"盛京十景"的"福陵叠翠"，又有了"盛京八景"之"天柱排青"。顺治八年（1651），负责关外三陵树木栽植的工部尚书星纳，就因为擅自下令停止昭陵的松树种植而被治罪，遭到革职及没收半数家产。在永陵中最金贵的树是宝城之内兴祖墓前的一株古榆。乾隆八年（1743），乾隆帝至永陵祭祖，见到了这棵榆树大为赞叹，写下了《神树赋》，由此古榆成为"神树"，赋中描述此树非柏非桧甚是神奇，其枢系自天上而来，并接受了银河水的浇灌。此树生长在永陵之内，是上天的旨意，昭示了大清王朝的祥瑞。内务府将《神树赋》镌刻于石碑上，这块石碑现在仍保存在永陵的西配殿，只是当年那棵"神树"早已不在了。

"敕建"星纳墓碑

不战而屈人之兵的明代"平胡将军"赵胜

2007年4月初，在朝阳区奥运村办事处北五环外关庄村绿化隔离带改造过程中，挖掘出土"明故荣禄大夫、太保兼太子太傅、赠昌宁伯、赠昌宁侯、谥壮敏"的赵胜墓。

墓中出土明代中期一品官赵胜墓志铭一盒。方形墓志、志盖边长75厘米，厚12.5厘米。志盖浅阴刻篆书大字"大明故荣禄大夫太保兼太子太傅赠昌宁侯谥壮敏赵公之墓"。在打开赵胜墓墓顶两块塌陷的石板后，考古人员惊奇地发现赵胜墓在历史上幸运地躲避了被盗之灾，1.90米的尸骨无疑向后人展示出这位皇帝身边带刀侍卫出身的官员高大、英俊的身姿。赵胜的双手各自握着一枚三四两重的银元宝，腰间部位整齐地放着一条白玉带，头上金簪闪闪发光，墓门角斜躺着一件定窑系白罐。令人费解的是早于赵胜先逝"葬昌平县太平乡之原"的原配夫人李氏、继配夫人冉氏，其墓葬形式不一，位于赵胜墓之左的原配夫人李氏墓与赵胜墓形制相同，在赵胜墓的墓室前端两侧有大小一致的两座联洞将三座墓室连为一体，证明整座墓是统一规划修建而成，当是明宪宗成化二十三年（1487）七月朔，赵胜为皇贵妃董工造坟于天寿山不慎坠崖遘疾而死，明宪宗"特赐钞二万贯给麻苎、白粲有差，辍朝一日，敕有司为造茔域，遣官谕祭"时所建。赵胜在《明史》列传第六十一有传。

据传载：赵胜，字克功，迁安人。袭职为永平卫指挥使。正统末，御寇西直门，进都指挥佥事。天顺初，与孙镗等预"夺门"功，超迁都督佥事。又与镗击反者曹钦，进同知。孛来犯甘肃，胜与李杲充左右参将，从白圭西征至固原，击寇，却之。宪宗立，典鼓勇营训练。成化改元，山西告警，拜将军。次雁门，寇已退，乃还。明年复出延绥御寇。会方纳款，遂旋师。寻典耀武营。四年充总兵官，镇辽东。七年召典五军营，已，改三千营。加思兰犯宣府，诏胜为将军，统京兵万人御之，亦以寇遁召还。久之，进左都督，加太子太保。十九年封昌宁伯。胜初与李杲并有名，后屡督大师，未见敌，无功，夤缘得封，名大损。后加太保，营万贵妃茔，坠崖石间死。赠侯，谥壮敏。弘治初，孙鉴乞袭爵。吏部言胜无功，不当传世，乃授锦衣卫指挥使。

赵胜夫妻合葬墓、赵胜墓志铭、赵胜墓志志盖

赵胜生前声名显赫，死后毁誉参半。综观其一生，可谓仕途坦荡，鸿运高照；但以68岁之龄坠崖于万贵妃之陵，魂随其走，朝廷追封赵胜为"昌宁侯"，赐谥号"壮敏"。民国二十年（1931）《迁安县志》记载："赵昌宁侯胜墓，（迁安县）城西北七十里，地名黑汀，敕葬。"如今在北京市朝阳区奥运村办事处北五环外关庄村发现了赵胜墓，而且墓志记载赵胜随妻安葬在时属"葬昌平县太平乡之原"的关庄村，尸骨为证，《迁安县志》记载有误。

东坝驹子房村费扬古墓碑

明代在东坝设御马苑的十九处马房之一驹子马房,演变为驹子房村,费扬古墓坐落在该村西南,尽管墓丘早已平覆,但仍残存两通《议政大臣管侍卫大臣兼总管满洲火器营事一等公佐领谥襄壮费扬古碑文》碑、《谕祭费扬古》碑。

朝阳文物工作者一直关注着这两通碑的保护,早有拉走放在库房之意,因胡同狭窄进不了吊车,以及考虑费扬古的名气不宜迁走墓碑诸多原因,每年都要到现场照相存档,谁知半年未来,盖房圈地的村民竟在费扬古墓碑上建起一排平房,只留下一件龟趺露出龟背趴在水泥地中,普查队员调查乡里文化干部和附近百姓,得知石碑确实埋于房下,忐忑的心才得以舒缓。之后,石碑被发掘出土,集中到位于奥森公园内的朝阳贞石园中进行管理与保护。

费扬古在满语里是"老生子"的意思,也译作费扬武、费扬果、飞扬古。最出名的是满洲正白旗栋鄂氏的费扬古(1645—1701),栋鄂氏又译董鄂氏,内大臣三等伯鄂硕子,顺治帝孝献皇后弟。孝献端敬皇后董鄂氏虽然没有留下一儿半女,但她却留下一位为清王朝立下汗马功劳的弟弟费扬古。

费扬古生于顺治二年(1645),比孝献端敬皇后小6岁,在他的脑海中姐姐的印象已经非常模糊,但他却承袭了姐姐办事认真、为人谦和、追求完美的性格。从《清史稿》可以简略得知:康熙十三年(1674),从安亲王岳乐率兵徇江西讨吴三桂。十五年(1676),进围长沙,累战皆捷。十八年(1679),擢领侍卫内大臣,列议政大臣。二十九年(1690),命费扬古往科尔沁征兵,参赞军事,击败噶尔丹于乌兰布通。三十二年(1693),以费扬古为安北将军驻归化城。三十四年(1695),诏授费扬古抚远大将军,寻召入觐,授以方略。三十五年(1696)二月,诏亲征,三路出师,以黑龙江将军萨布素出东路,费扬古出西路,振武将军孙思克、西安将军博霁自陕西出镇彝并进,上亲督诸军自独石口出中路；五月，费扬古于昭莫多者，赐御佩橐鞬、弓矢，命还军。四十年（1701），从幸索约勒济，中途疾作，上驻跸一日，亲临视疾，赐御帐、蟒缎、鞍马、帑银五千，遣大臣护之还京师。寻卒，赐祭葬，谥襄壮。以子辰泰袭一等侯、兼拖沙喇哈番。

自第一次在乌兰布通交战到噶尔丹兵败身亡，在长达七年的时间里董费扬古一直驻扎在归化（今呼和浩特），由于他能约束部众、军纪严明，深得当地民心。当第三次讨伐噶尔丹的战事结束后，费扬古奉命调离，当他从该城开拔时，归化的商人、百姓纷纷给他送行，不久之后即为他修祠立像，以纪念他在抗击噶尔丹、戍边卫民及绥靖地方的过程中所立下的功绩。费公祠，又名费襄壮公祠、白大将军祠，清朝康熙三十七年（1698）由归化城走西口的商民所建。该祠整体为一四合院，有正殿、厢房、耳房，正殿供奉着费扬古大将军。每年从农历三月十三开始，归化城的各行社、商号、店铺的人员陆续进殿祭祀，并且举办庙会，成为归化城民间一件盛事。

20 世纪 90 年代时的诰封费扬古碑龟趺

《谕祭费扬古》碑碑文漫漶不清，断断续续的文字折射出珍贵的历史信息，费扬古去世后，思念忠臣的康熙皇帝于当年十月十五日、十月二十三日、十月二十九日、十一月初七日，接连四次派遣礼部左侍郎西哈纳谕祭。念念不忘剿灭噶尔丹立有大功的康熙皇帝在满、汉两种文字书写的《议政大臣管侍卫大臣兼总

69

管满洲火器营事一等公佐领谥襄壮费扬古碑文》中,唏嘘感叹道:"噶贼逆命,肆虐边陲。朕亲总六师恭行天罚。谙度形势,分道长驱,纵铁骑于荒郊,指雕戈于狡窟。贼望风震慑,潜迹逋逃,惟尔统西路三师,乘机扼险,大歼丑类。虽朕谋由先定,亦尔式克钦承用。"因功封为一等公爵。失去左膀右臂的康熙帝,四次遣官谕祭,可见思念之甚。有此珍贵的历史文物,东坝之幸,朝阳之幸!

诰命赛必汗、保德叔侄碑

四惠长途汽车站停车场，南边毗邻通惠河，两通石碑被铁栅栏圈起，只有碑首和少部分碑身露于地表。东为诰封赛必汗碑，碑首浮雕麒麟祥云纹，额篆满汉文"诰封"字样。赛必汗，亦作赛弼汉，曾任护军校、骁骑校，以护军校征剿叛逆察哈尔布尔尼于大卤地方，奋勇击贼有功，授拖沙喇哈番（云骑尉），任护军参领。赛必汗卒后，其子广兴袭职。康熙二十年（1681）十二月二十四日立的《诰命赛必汗》碑，记述"以覃恩特授尔阶通议大夫"。祖阿尔布哈，正白旗包衣管领下人，世居瑚普察地方，国初来归。阿尔布哈二子，瑚弥色、瑚图（碑文写作洪库）。

在《诰命赛必汗》碑西，现存的另一通《诰命保德祖父母、父母》碑，乃为雍正十三年（1735）九月初三日御前一等侍卫兼营造司即车马内务府总管保德遗命，保兴敬立，记载保德之祖父洪库，"以覃恩赠尔为资政大夫"；祖母赵佳氏，"以覃恩赠尔为夫人"。保德之父傅喀，"以覃恩赠尔为资政大夫"；保德之母杨氏，"赠尔为夫人"。赛必汗祖阿尔布哈，为保德之曾祖，说明赛必汗与保德乃叔侄关系。

赛必汗与保德，出自满洲完颜氏。在旧史籍中，都将"完颜"解释为王（帝王之王）的意思。宋朝人宇文懋昭撰写的《大金国志》记载说，在阿骨打称帝建元的时候，采纳了渤海士人杨朴的建议，"以王为姓，以旻为名，国号大金"。曾在金朝居留了15年的宋朝使者洪皓，在他撰著的《松漠纪闻》中，也称"完颜，犹汉言'王'也"。元朝人脱脱主编的《金史》末附《金国语解》一篇，对汉族人不懂的女真语名词术语做解释说明，也是"完颜，汉姓曰王"。据史书记载，女真人的姓氏有百余种之多，分为白号之姓和黑号之姓。女真人崇尚白色，以白为贵。因此，白号之姓属于贵族之姓，要比黑号之姓尊贵得多。完颜氏是皇族的姓氏，于是就成为白号之姓氏中最高贵的姓氏，名列白号之首。金朝皇帝常常将完颜氏赏赐给有功之臣，以提高其社会地位。

完颜氏作为金朝的皇族，格外受到清朝廷的重视。顺治皇帝曾御制金太祖、金世宗陵碑文，歌颂完颜氏的功德，谴责明朝廷对房山县金陵的破坏。顺治皇帝还命令房山县地方官府，妥善保护金陵，禁止居民在陵城内樵采，并设陵户五十，专门看管金陵，四时祭祀不绝。康熙皇帝即位以后，也曾为房山金陵树碑撰文。称："朕惟圣王制祀，昭德报功。礼官陈仪，修废举坠。所以挖扬曩烈，光表前王。访弓剑于遗墟，葺园陵于丰草。垂诸简册，茂典彰焉。"乾隆十八年（1753），高宗皇帝弘历亲自到房山县大洪谷，去祭祀金太祖阿骨打的睿陵，又命大学士阿克敦去祭祀金世宗的兴陵。当时，在北京的完颜氏子孙，凡是入仕做官者均奉命陪祭。据记载，参加陪祭的完颜氏，"合族五十九支，现任官九十六员"。乾隆年间修纂《八旗世族宗谱》的时候，"完颜氏本列二十八卷。奉高宗特旨，用虞宾义，列为第一"。将完颜氏列为八旗世族之首。此事再次表明了清廷对完颜氏的确认。道光五年（1825），赵廷熙说："夫子金源世胄，铁券家声。"完颜氏发祥于阿什河（女真语为"金水"），故旧史多以"金源"代表大金政权。据赵廷熙之言，清廷似曾赐给完颜氏以铁券（在铁板上刻文），在政治上给予特权。乾隆御制《八旗通志》、震钧撰的《天咫偶闻》、福格作的《听雨丛谈》，以及民国年间修纂的《清史稿》，均记述了完颜氏的源流。

两通完颜氏赛必汗与保德叔侄诰命碑只是历史遗存，曾经立于此地的保德墓碑、诰封保德碑早已毁失。《诰命保德祖父母、父母》碑，倾注了保德全部心血，保德临终前嘱托妻室子女之唯一后事，就是修建这通碑。史志记载：先是，保德余俸之资轸修理宗坟茔制备祭器。病笃弥留之际谓夫人郎氏："我夙夜在公，未得先茔立追封碑文，心常耿耿。我殁后，敬将我一等侍卫祖父通议大夫之诰封立石铸文，再卖宅为我立茔。"夫人郎氏敬遵遗命先茔立碑刻文，遂卖所居之宅立茔而葬焉。如今，"卖所居之宅立茔而葬"的保德墓碑、诰封保德碑没有了，临终前嘱托妻室子女之唯一后事的诰命保德祖父母、父母碑也是深埋地下，不知珍惜祖宗遗产的后人还能守望什么？

护军参领赛必汗诰封碑

图海家族墓碑林

图海家族墓碑林原在关西庄村南，墓早年被盗无存，原有石碑六通，后只存五通因建楼移至花虎沟，2005年初又被文物部门移至龙王堂村龙王庙暂存。朝阳区世奥公司领导非常重视图海家族墓碑林的保护工作，希望文物部门能将图海家族墓碑林按景观标准设计，显示出人文奥运特征。朝阳区文物管理部门于2008年初在奥运公园升旗广场周边绿林中，呈燕翅状永久摆放了五通图海家族墓碑和在龙王庙之前林萃路挖掘出的清代龟趺一座。

图海（？—1682），字麟洲，姓马佳氏，辽宁新城人，隶满洲正黄旗。顺治二年（1645），自笔帖式历国史院侍读。八年（1651），擢内秘书院学士，后迁弘文院大学士、议政大臣。十二年（1655），加太子太保，摄刑部尚书事。后因事被夺官削职。圣祖康熙即位后，重新起用，授正黄旗满洲都统。康熙二年（1663），因镇压李来亨、郝摇旗起义军有功，晋一等轻车都尉。六年（1667），复为弘文院大学士，充《世祖实录》总纂修。九年（1670），改中和殿大学士，兼礼部尚书。三藩之乱爆发后，摄理户部，筹办饷运。十四年（1675），从征察哈尔，为副将军。师还叙功，晋一等男。十五年（1676），任抚远大将军，平陕西王辅臣之乱，晋三等公。二十年（1681），以疾乞还。卒谥文襄，赠少保兼太子太傅。雍正初，追赠一等忠达公，配享太庙。

图海家族墓碑林包括碑阳为满文、碑阴为汉文的图海曾祖父母、祖父母、父母《诰命碑》，碑阳为满文、碑阴为汉文的图海《御敕》碑，碑额篆书"广运之宝"的《太子太傅都统三等公议政大臣吏部尚书中和殿大学士佐领赠少保仍兼太子太傅谥文襄图海碑》，康熙二十二年（1683）立的皇帝《御祭》碑，满汉合璧的图海之子《三等公都统诺敏诰封碑》。

常营清真寺《先母遗言》遗言逸事

2009年9月15日，常营清真寺礼拜大殿北墙墙角处，一方刻于中华民国二十六年（1937）十月的汉白玉《先母遗言》碑，引起普查队员的浓厚兴趣，碑文首题"志女沐浴所之纪念"，可以断定是纪念常营清真寺女堂的珍贵材料。碑文尾款孙媳张杨宪英书，乃是回族女杰所书，此为朝阳区现存石碑中女子书碑第一人。碑文提到奉天醒时报社社长子岐张兆麟，为民国时期"回族五大报人"之一。史料记载张兆麟，回族，祖籍河北通县。《先母遗言》"牺牲西院家舍，乃将前之女校改建女子沐浴所。但东侧两间保留，为麟等归里住在之所"，证明张家是常营村人，居住在常营清真寺北边。中华民国二十六年十月正是卢沟桥事变发生不久，抗日战争全面爆发之时。73岁的张永麟在两年后的1939年也撒手人世。可见藏于常营清真寺《先母遗言》碑史料的珍贵。碑文如下："窃思宗教之基础，端赖母教之兴替，斋戒沐浴尤为教门之始，故女子沐浴之所，乃属当务之先。母恭太夫人命鉴及此，祇以当时心余力绌，故曾以此为憾，则遗言于友人，果尔力有可建，无论规模大小，对此女子沐浴之所，必须提前促成，以树女子教门之基础。麟等受命之余，念兹在兹，讵因连年多事，未暇顾及，深滋歉仄，将何以慰慈亲于久？理耶刻则力得，稍缓用是牺牲西院家舍，乃将前之女校改建女子沐浴所。但东侧两间保留，为麟等归里住在之所。此外东院张氏男校一切经费及麟指定祭费，均由学田租金担负，以期长久保存，永远不作别用。当兹工竣之日，丞一般乡耆督工协力用，特此纪念。本报自宣统元年出版至今三十年矣。奉天醒时报社社长子岐张兆麟现年七十三岁恭述。儿媳张丁氏现年六十九岁率子、友阑竹同叩。孙媳张杨宪英敬书。中华民国二十六年十月立，穆历壹仟叁佰伍拾陆年，丁丑年九月。"

张子岐（兆麟）（1865—1939）、张子山（兆龄）（1869—1909）为兄弟，

传晚清宫廷武官之后，幼年家道中落，二人同塾读书，每日同去同回。1906年赴东北，因感于国情，1907年6月4日创办清真学校，同年又创办《醒时汇报》，1908年赴沈阳等筹办《醒时报》，12月获官署准予发行。张兆麟自任社长，聘营口塾师孙普笙为主笔，其弟兆龄为副主笔；1909年2月10日（正月二十日）在沈阳小南关创办《醒时报》。1944年《醒时报》停刊（1909—1945）。张子岐在办报伊始，曾对其弟子山说："二弟的学问比我强得多，你就担任主笔，关于稿件的取舍，及印刷支配，由子山负责。"并宣称《醒时报》的宗旨是"代表舆论，为民众作喉舌"。《醒时报》《正宗爱国报》《竹园白话报》《民兴报》被称为当时的"四大回族报纸"，丁国珍、丁国瑞、刘孟扬、张兆麟、张兆龄又被誉为"回族五大报人"。

寺庙修缮利用

奥运媒体村内的弥陀古寺

2009年8月14日,经过奥运媒体村保安多次请示方准普查队员进入村内的弥陀古寺。弥陀古寺位于朝阳区原洼里乡羊坊村,现奥运村地区办事处媒体村内,坐北朝南。始建于明代,清康熙年间重修,后因战乱兵火,寺庙逐年塌毁。民国时期,当地庶民捐款捐物,再次将古寺重修,修缮了前层佛殿三间,东禅堂三间,北耳房两间,山门两座,院中龙王庙一座,及四周群墙。如今的弥陀古寺还存有:山门一间,小式硬山箍头脊洞瓦;南殿三间,大式硬山箍头脊洞瓦;北殿三间,大式硬山箍头脊洞瓦;东殿三间,合瓦;院内有盘龙状古槐一棵,胸径约2米。此寺曾用作学校,后为个体印刷厂使用,2003年此村居民因2008年奥运会占地拆迁上楼,原址只存此寺,后被朝阳区文化委员会列入"人文奥运"文物保护项目,并经过前北京市奥指委论证确认,结合建设调整规划设计,使之形成奥运记者村的"人文奥运"景观。

根据1928年北平特别市寺庙登记记载:坐落北郊二分署第七段羊房村三十一号,建于明,属合村私建。本庙面积,前明东西宽九丈五尺,后明九丈,东明南北长九丈,西明南北长八丈,庙前至影壁后滴水,南北明东西宽俱三丈二尺,东西明南北长俱九丈二尺,佛殿八间,房八间;附属土地二十四亩。管理及使用状况为合村人管理,佛殿供佛余房私立小学校用一半,合村青苗会社办事一半。庙内法物有释迦牟尼佛、观世音菩萨、送子观音、二郎爷、关圣大帝、药王、韦驮爷。

弥陀古寺自2005年初多方协调修缮事宜,历经波折,在文物部门坚持和不懈努力下,直至2007年初方定修缮方案,奥运会之前完工。奥运会期间,赢得外国媒体广泛称赞,起到了为人文奥运增光添彩的预想作用。投资方嘱托笔者撰写《重修弥陀寺碑记》,碑记如下:

◆ 寺庙修缮利用

修缮前的弥陀古寺　　　　　　　　修缮后的弥陀古寺

重修弥陀寺碑记

　　弥陀古寺位于朝阳区洼里乡羊坊村。创建于明朝，清康熙年间重修，后逐渐塌毁，民国十二年村民集资重修，一度作为小学和印刷厂使用，寺庙功能逐渐荒废。以弥陀命名寺庙者，民国年间北京内外城尚达十一处之多，世事沧桑，今仅存羊坊村弥陀寺一处，然洼里乡羊坊村已衍变为奥运媒体村，具有文脉传承性、地理坐标性之弥陀古寺能不谓古乎？北京北辰实业股份有限公司出资壹佰壹拾余万元，自公元二〇〇七年六月至二〇〇八年四月，完成南殿、北殿原址修缮和东配殿、东南小门落架整体东移修缮，更新糟朽梁柱，重饰脱落彩画，古庙焕然一新。铭石以记，以求后人知之。

北京北辰实业股份有限公司
二〇〇八年五月一日立

八里庄清真寺

八里庄清真寺与常营清真寺均各有一方与钱仲斌有关系的碑刻。常营清真寺的是一方碑额为"万古名友"的捐资碑,由节妇杨氏题、立于康熙壬申(1692)春季,似读"可风"字样,断为三截的清白石匾,首题残存"赐进士第巡视东城福建道监察御史"字样,更是引起大家的热议。综合分析,此匾由康熙三十一年(1692)每月朔望吉日,由御史、司坊官组织乡约,负责京城中、东、西、南、北五城都察院中的巡视东城官员为节妇杨氏宣诏,节妇杨氏自题、自立的风范匾。

"八里庄"之名源自朝阳门东八里,是元代齐化门东还是明代朝阳门东八里,在未发现元代实物和史志记载之前,已难断定。目前看到的历史实物有"直隶顺天府大兴县魏村社八里庄东林庵"字样的功德碑残件,时间标注"嘉靖七年"(1528)立。八里庄出土的《明故敕封修职郎太医院御医顺庵任公墓志铭》,埋葬时间记载为嘉靖二十九年(1550)十一月十三日,地点为"魏村社八里庄祖茔"。证明至迟在明代嘉靖年前,八里庄作为村社已经存在。

八里庄清真寺东、青年路西侧在清代是顺治皇帝岳父佟图赖家族墓,其子佟国纲、佟国维兄弟也葬于此。康熙帝第九女固伦温宪公主墓地也在此地带,其母乌雅氏,姥爷就是葬于朝阳区龙王堂旁的卫武。清真寺南是弘文院大学士李率泰墓地,及兵部侍郎、靖南将军朱马喇墓地,朱马喇墓碑曾被文物部门安置在日坛公园内,后有群众举报在东坝三岔河路旁有残碑,文物工作者现场断定此残碑为朱马喇墓碑,朱马喇墓碑究竟如何从日坛公园流出,需要认真核实。在2007年春八里庄清真寺附近河边又出土一方民国年间立的药王庙碑,说明清真寺东在民国年间毗邻药王庙。

◆ 寺庙修缮利用

伊斯兰典型"勾连搭"式屋顶　　　　　　民国年间钱仲斌捐产碑

八里庄清真寺与常营清真寺有历史渊源，中华民国二十年（1931）三月，山东临清钱仲斌"将北平齐外八里庄自己坟茔十亩九分八红契，付与常营清真寺"，每年收入地租除部分付与看坟人之外，"下余之资付八里庄清真寺大学"，"八里庄地租每年九月十五日由常营村取付八里庄清真寺项"。"八里庄清真寺大学"证明了八里庄清真寺当时属大中型清真寺。其始建年代据寺内阿訇讲为清乾隆时期，因1997年重修，现在的"勾连搭"式大殿与常营清真寺、南下坡清真寺、万子营清真寺等大殿形制一样，殿前抱厦，后殿脊上有"望月亭"耸立，可惜已看不出清中期的痕迹。

"可风"石匾　　　　　　八里庄清真寺山门

北皋菩萨庙

《北京市朝阳区地名志》说北皋村"成村于清代，光绪三十四年（1908）始见北皋村名。因位于北小河北岸高地，'皋'意为水边的高地，故名"。但是1965年4月，在朝阳区东营生产队大山子马家坟出土了由胡滢撰、程洛书并篆盖的《故昭信校尉刘公墓志铭》，墓主刘珊于明景泰六年（1455）冬十月十七日终，仲冬十三日"葡葬顺天府通州安德乡北高社之原"。"社"者村也，"北高社"就是北皋村，墓志铭明确无误地告诉后人：北皋村成村早于清代，其历史至迟可推至明中期的景泰年间，至今远超过550年。

康熙二十四年至五十八年（1685—1719），顺义县孙侯屯（今孙河）一带地区划入大兴县。1928年6月28日，北平特别市成立，在原北京城属四郊的基础上正式建立东、西、南、北四郊行政区，大兴、宛平之一部分地区划属北平。1941年5月，北部第五区孙河镇等58个村地区划属顺义、通县。北皋村南隔北小河与南皋村相望，南皋村、黑桥村一带在1947年属北平市郊一区（后改为十三区）；东营、北皋、东辛店属大兴县。1949年1月，原属大兴县东北部孙河地区划出属通县。

历史上南皋、东营、北皋、东辛店四村均有合村公建庙宇，或曰菩萨庙、或曰关帝庙。1928年北平特别市寺庙登记，坐落东郊一区一分属菩萨庙一号的菩萨庙，明崇祯年公建，清雍正年合村重修。本庙面积一亩余，房屋共十六间。管理及使用状况为合村公产。庙内法物有菩萨六尊，弥陀佛一尊，鲁班一尊，圣人一尊，站童四位，韦驮一位。均泥塑（内有木像三位），铁磬一个，香炉三个，蜡扦十一个，香池一个，木供桌九张，另有石碑一座，柳树四棵。根据历史沿革，"东郊一区一分属菩萨庙一号的菩萨庙"当为南皋村菩萨庙。1928年历史档案记载南皋观音院，坐落东郊警察第四分区南皋村三十五号，建于清道光年间，合村公建。本庙面积一亩余，房屋十四间；附属土地共土坑三个。管理及使用状况为作为合村办公地点。庙内法物有泥塑佛像，铁磬三个，香炉蜡扦锡木质。

新中国成立前先后隶属顺义、大兴、通县的北皋菩萨庙，缺乏史志记载。现仅存大殿遗址和在遗址上重建的大殿三间，新建大殿拆于别处旧庙，修于20世纪80年代，从露出的原殿址柱础石看，现在的大殿明显小于原殿规模。西配殿基础尚存，上面为新中国成立后新建房屋三间，现也已破败不堪。东配殿三间倒塌于新中国成立后，新建房屋三间又于2004年倒塌；村委会一度改建红砖房三间，被村民举报后被区文物主管部门制止。山门为随墙门，乃原物。从院墙基址及周边地势、环境可以看出，历史上北皋菩萨庙占地不足一亩，实属村中小庙。从残存随墙门及大殿基址，可以断定该庙始建于清代，为合村修建的民间小庙。

近年，北皋村涌入大量外地人口，为了出租，当地私搭乱建严重。2008年底，一寄居该村的张姓先生发善心投资20余万元抢险修理了后坡坍塌的主殿及院墙，暂时解除坍塌隐患。作为500多年之久的古老村庄，北皋菩萨庙将成为该村唯一的标志性建筑传承给后人！

北湖渠天仙庵娘娘庙

北湖渠村历史悠久，这里曾经拥有建于明成化十八年（1482）和光绪十六年（1890）的关帝庙，直到1936年北平第一次市寺庙总登记时两座小庙仍然存在，门牌号分别是北湖渠村五十一号和北湖渠十五号。几年前，文物部门的工作人员实地调查时，村里的老人还能指出两庙的位置。七圣祠拥有不动产土地一亩一分，房屋三间，门楼一座，庙内法物有泥神像九尊，瓦香炉九个，另有石碑一座，小松树一棵，小榆树两棵。关帝庙庙内法物有关公一尊，山神、土地、龙王、城隍各一尊，站童五尊，泥马一尊，观音三大士一尊，娘娘两尊，破铁大钟一口，小铁钟一口，纸模香炉烛扦三件，另有旗杆一根，松树两棵，槐树两棵，水井一口。

如今，北湖渠村已拆迁消失，村里能让人怀旧的只剩下经文物部门多方努力原址修缮的北湖渠天仙庵娘娘庙。据1928年北平特别市寺庙登记记载：天仙庵娘娘庙，坐落北郊第二分署北湖渠十六号，建于明，光绪年间本村重修。本庙面积东西十一丈，南北六丈，北大殿三间，北配房三间，东配殿三间，西院北殿三间；附属土地东西十一丈，南北三丈。庙内法物有坐像八位，站童二十四位，均系土像，正殿中东西墙壁画有天仙圣母出世典故，瓦香炉一个，洋铁片蜡扦一对，铁钟一口，铁磬一口，皮鼓一架。另院内有槐树一棵，破铁香炉一个，石碑一座，院外有木旗杆一根，水井一眼，槐树一棵，榆树两棵。1936年第一次市寺庙总登记时，寺庙变化不大。

2006年初，北湖国际高尔夫俱乐部即今天的北湖9号的董事长袁海波先生，设想参照黄公望《富春山居图》和北湖渠村天仙庵娘娘庙壁画意境，把球场建设得景色秀丽，峰峦叠翠，松石挺秀，云山烟树，沙汀村舍，布局疏密有致，变幻无穷，达到"山川浑厚，草木华滋"的境界。文物部门正苦于资金所限和拆迁工作之难，两方意愿不谋而合；朝阳区文物主管部门开全市

◆ 寺庙修缮利用

北湖渠天仙庵娘娘庙

之先河,尝试"不求所有,但求所在"的文物修缮利用原则,全力支持开发商投资文物保护事业。修缮后的北湖渠村天仙庵娘娘庙不仅成为北湖渠村的标志,更为北湖高尔夫球场增加了人文内涵,真正达到了文物保护、利用双赢的目的。

常营清真寺

据清代嘉庆年间立的碑额题"原根古教",首题《通州长营庄重修清真寺碑记》:"长营庄古有清真寺一座。考其曩昔,乃大明正德年间创建,教经重修,迄今世远,年湮受风雨吹损,残旧难堪,有本庄乡老等触目惊心,不忍坐视倾圮,且不吝资财,置买砖、瓦、木、石等项,以备匠艺需用,众乡老见此胜举,心悦诚服,亦协助工资。自嘉庆二年春三月起工至三年冬十月告竣。修整殿宇辉煌,廊腰轮奂,绮与休哉,何其盛也。"后附山东济宁州禁三掌教世袭序,"嘉庆元年重修清真寺,三年完工"。"嘉庆九年(1804)置地壹顷四十亩,计地二段,坐落寺北六十亩,南八十亩,乃系寺内大学、小学、阿訇费用"。

经堂教育宗旨是以逊尼派的"正宗"信仰培养人才,初创时如私塾,后设大学、中学、小学三级学制。大学一般设在大中型清真寺,专门培养新的阿訇的学校,学生需系统学习阿拉伯语和波斯语语法、文法,教法,教义,《古兰经》经注及文学等科目。小学是穆斯林的基础教育,学生学习阿拉伯字母、诵"清真言"、沐浴礼拜、斋戒常识等。从常营清真寺内设大学、小学及置地一顷四十亩看,嘉庆年间的常营清真寺确属清真寺中的"巨观"。

中华民国二十年(1931)三月通县常营村众教末等同人公启敬立《万古名友》记述,山东临清钱仲斌,"将北平齐外八里庄自己坟茔十亩九分八红契付与常营清真寺",每年收入地租除部分付与看坟人之外,"下余之资付八里庄清真寺大学","每年地租常营清真寺经理转入八里庄,如此地有意外舛错,常营概不承认,必将地权收回另作他用。恐其久而废也,更置良田二十二亩施舍常营清真寺供养大学"。钱仲斌"恐有他故,将两处地字红契交常营寺中,经理乡老继续保管有","八里庄地租每年九月十五日由常营村取付八里庄清真寺项"。介绍人侯金堂、安永瑞。

◆ 寺庙修缮利用

常营清真寺《先母遗言》碑 　　　　　二进门及环廊

老井 　　　　　礼拜殿

光绪二十二年铜壶

清代嘉庆年间《通州长营庄重修清真寺碑记》"通州长营清真寺",到中华民国二十年(1931)已改称"通县常营清真寺"。大明正德年间(1506—1521)创建,距离明初洪武元年(1368)闰七月,徐达、常遇春率马步舟师由临清沿运河北上,连下德州、通州,时间相差约150年。可见民间相传该庙所在常营村来源于常遇春在此扎营不符历史事实。常遇春(1330—1369),字伯仁,安徽怀远人,明朝开国元勋。他剽悍勇猛,时人赠予"常十万"美名。1369年在柳河州暴病而故,朱元璋赐葬钟山,今南京市太平门外紫金山之阴白马村。现墓茔与墓前石刻保存完好。墓碑上镌刻"明故世祖开平王遇春常公之墓",系清同治十年(1871)二月重修时其裔孙所立。朝阳区六里屯辛庄村葬有常遇春十三世孙常汝贵及子常明扬,村中也有常汝贵常氏后裔,但与长营村及后来的常营村毫无关系。从寺内山东济宁州禁三掌教世袭序或山东临清钱仲斌捐产碑看,常营村回民当与山东有关,系明初移民还是沿通惠河经商居此,有待考证。

1998年10月常营清真寺民主管理委员会立《常营清真寺翻修礼拜大殿记文》,工程由大厂马云付施工队承担,并于当年完工。该碑撰书、雕刻都比较粗糙,限于各种条件,当时修缮的礼拜大殿在10年后的2008年被迫再次投资近200万元修缮。2002年常营回族乡启动了常营清真寺历史上规模最大、耗资最多的一次改扩建工程。总投资1300多万元,改造后清真寺的建筑面积达4578平方米,总占地面积8459平方米,是北京市城近郊区建筑规模最大的清真寺。寺内现藏有手抄本《古兰经》30本、《伟嘎叶》2部、《尔嘎叶代》1部、《嘎最》4本等珍贵伊斯兰教经书,另有清末民初寺内特制铜制水壶

新修后的常营清真寺山门

等珍贵文物。2004年春夏之交,朝阳区文物部门在常营清真寺附近施工工地查收石雕宋代文官头像一件,还抢救清理清代回民墓一座。

朝外大街消失的十七座庙宇

1996年朝阳区文物管理所印制的《朝阳区文物概况材料》，尚有吉市口七条观音寺"山门面宽2.8米，厚1.5米，正殿面宽14米，高8米，进深6米，东西殿面宽11米，1984年3月公布为暂保单位"的历史档案记载。可惜，在随后几年的开发建设中被落架，柁木檩件和明清砖瓦至今仍静静地躺在北京市文物局库房之中。而一直未被注意的地亩庙也于2004年底被拆除。

《北京寺庙历史资料》记载：地亩庙（道庙）坐落在东郊菱角坑十五号，建于民国十一年（1922），属私建。不动产土地一亩，房屋七间。管理及使用状况为供神外自用。庙内法物有神像五十位，礼器六十一件，法器一件，画像七张，供桌一张，另有榆树、柳树三棵。观音寺（官庙）坐落在东郊吉市口七条十三号，建于明嘉靖二十七年（1548）五月，属公建。不动产土地二十六间半。管理及使用状况为冬季粥厂占用。庙内法物有佛偶像二十二位，神偶像四尊，礼器五件，法器两件，供桌一张，另有石碑三座，槐树两棵。

朝阳门外大街成路于元代，泰定二年（1325），鲁国大长公主祥哥剌吉自京师归全宁，道出齐化门（今朝阳门），祈祷于大生殿，出私钱巨万以作神寝，并画东岳大帝、帝后与侍从之像。天历元年（1328），元文宗图帖睦尔即位后，遣使迎姑姑、岳母鲁国大长公主祥哥剌吉于全宁。皇后迎母于齐化门东岳仁圣宫，适后殿落成，祥哥剌吉拜祭东岳大帝后又到其神寝之所，天子乃赐神寝名曰昭德殿。岁时内廷出香币致祭。元文宗命翰林直学士虞集撰东岳仁圣宫碑文，命大司徒香沙奉宣玉音，谕中书平章政事赵世延撰昭德殿碑文，勒石以示后人永记。东岳仁圣宫祖师玄教大宗师吴全节，又请大文学家吴澄撰大都岳仁圣宫碑文刻碑以志。鲁国大长公主东出齐化门祈祷东岳大帝再北走通县、喜峰口、滦平、大宁、全宁的回家路线证明今天的朝阳路至迟在元末就已成形，而且伴随庙市相生相长。

1947年7月21日北平市《1947年第二次寺庙总登记》表中，朝外大街有德声住持的东大桥162号广济庵和东大桥167号头道行宫；东大桥1号管理人毛嘉本管理的土地庙；朝外大街130号张吉泉任住持的十八地狱庙；朝外大街290号张吉荫任住持的建于明代天启年间天仙护国佑圣延寿宫（俗称天仙宫）；朝外大街242号张吉荫任住持的东岳庙；十三区朝外大街65号荣章任住持的真武庙；朝外大街285号昌和任住持的普济寺；朝阳门外二条胡同33号朗堃任住持的水月庵；十三区朝阳门外大街227号白贤珍任住持的九天宫；十三区朝外菱角坑杨家胡同15号王诚茗任住持的地庙庙；十三区朝外北营房东街3号宽池任住持的灵瑞寺；朝外大街31号续荣任住持的关帝庙；十三区朝外西中街1号佟信芝任住持的顶关帝庙；十三区朝阳门外五条胡同9号阔林任住持

曾经的观音寺山门

摄于20世纪90年代中期的观音寺

的天仙庵；第十四区朝外月河寺街4号善庆任住持的月河寺；朝外吉市口七条13号大兴县公产保管委员会管理的观音寺。另外，位于朝外头条的清真礼拜寺，位于朝外四条的建于清代的黄庙，如今17座庙均已消逝；位于东岳庙戟门前的山门，在朝外大街扩建时被拆除，山门的石构件作为历史的见证，现保存在东岳庙西路石刻文物展示区内，供后人观瞻。

隐居朝阳公园内的老君庙

朝阳公园内的老君庙发现于2004年11月，拆迁煤气用具厂时遇到一处破败的古建大殿，朝阳公园拿不定主意，询问文物主管部门，并告之"墙上有刻字"。听到此消息的文物工作者立即赶赴现场，实地勘察确认残存古建三间，另有建在老台基之上已改造为红基砖的东、西耳房各二间。古建大殿合瓦清水脊，前出廊，廊心墙为方砖心，老檐出后檐。山墙下碱为二城样城砖，五出五进"鬼脸作"上身，城砖确有许多模刻阳文"通和窑澄浆停城"字样。该庙在新中国成立后朝阳区文物档案上并无记载，史志也难以查到，民国年间寺庙记载最详细的由北京市档案馆编的《北京寺庙历史资料》也只字未提，可以断定，此古建属近年朝阳区新发现文物。经调查当地原居住老人，确认该庙是"老君庙"。朝阳公园所在地在明清时期为烧砖、瓦、花盆等项的窑场，如今公园内的人工湖泊就是在原来窑坑的基础上建造起来的，从至今城南、城东留下的刘家窑、大北窑、潘家窑（今名潘家园）、窑洼湖等地名，可以管窥明清时期窑场的普遍和规模。

窑神是太上老君，以太上老君为主神的道观叫老君庙、炉神庙或太清观。新中国成立前，在朝阳门外三里屯十七号，有一座建于康熙二十一年（1682），属公建的炉神庙，不动产耕地十七亩一分一厘，荒地四亩，东、西禅堂各三间，庙内法物有佛偶像三位，神像十四位，佛前五供有三堂，小铁钟一个，小铁磬一个，另有石碑九座，小树十二棵。在西郊苑家村二十四号，有一座建于清乾隆五十四年（1789），道光四年（1824）、民国十一年（1922）合村公议重修的老君庙，面积八分一厘，房屋八间，庙内法物有泥老君像一尊，配童两位，铁香炉一个，烛扦一对，磬一口。这两座庙如今均已消失，只遗留下朝阳区大屯太清观和新发现的朝阳公园老君庙，2008年北京奥运会之前，借助奥运契机，华汇房地产公司、朝阳公园管理处分别出资近200万元修缮了各自地域内的道家庙宇。

"通和窑澄浆停城"等类似的明代城砖，在东城区朝阳门街道小牌坊胡同的危改回迁工地也曾发现，"荣澄浆停城砖""通和窑记""天福窑""裕盛窑澄浆停城砖"等字样。明代一朝，法律森严。城砖作为战略物资，备受重视。城砖的质量好坏关系到城池的安危，责任重大。城砖的生产窑厂除了皇家信得过的几家之外，其余窑厂出品的城砖定要钤上印迹，标明年代、地址、窑厂名称、窑户姓名及工匠姓名，以便追溯有据。明代早期的印戳位于城砖的长侧面，戳记无边框，为较深的阴文楷书。北京城城砖可见成化十七年（1481）、正德十一年（1516）等，印迹亦无边

刻有"通和窑澄浆停城"的城砖

修缮后的老君庙主殿

朝阳公园老君庙修缮前后对比图

框。嘉靖年间的城砖，印迹也在砖的长侧面，只是戳子加了边框，有单边框、双边框之分，印文也有阳文楷书。清代城砖只有部分砖有印迹，也有边框，为小长方形，印文在砖的短侧面。也有的砖标明城砖用料及工艺性质，有的还加上窑厂名称，如"细泥停城砖""细泥亭澄泥""通和窑细泥停城砖"，印文均为楷书阳文，清代城砖上的文字追查责任的功能大大减弱，印文更像商品的标签和广告。朝阳公园内老君庙山墙上的"通和窑澄浆停城"城砖为楷书阳文加边框，应为明末清初所制，北京东岳庙七十六司、后罩楼墙体仍有很多在砖体侧面标印窑号的城砖，而这些古建群的建造时间是清代康熙年间。由此断代，朝阳公园内老君庙的始建年代当与三里屯康熙二十一年（1672）公建的炉神庙相差不多。"通和窑"出自山东临清还是京城畿辅之地，有待深入研究。

板桥双关帝庙

东坝地区板桥村的双关帝庙院内有棵粗壮的古槐树，让文物工作者有穿越时空的遐想。庙内原主殿和配房已被改造为居民用房，但古建立柱柁梁仍存，山门殿已全无古建痕迹。

双关帝庙一直被朝阳区文物部门以关帝庙命名登记。查民国寺庙档案，方知：坐落于东郊区署一分署板桥一号的双关帝庙，建于明万历年，同治年合村重修，属公建。本庙面积约一亩，西大殿三间，北殿三间，南殿三间，北房二间。管理及使用状况为合村管理。庙内法物有泥像二十七尊，铁钟一口，铁刀一个，木供桌五个，另有道光二十六年石碑一座，槐树两棵。

东坝地区板桥村据史志记载，除了建于明万历年的双关帝庙外，还有坐落于东郊朝阳门外板桥村七号的菩萨小庙（民庙），建于清光绪十四年（1888），属公建，不动产土地一亩三分三厘，房屋三间（坍塌二间），庙内法物有神像两位，站童两位，礼器六件，以及坐落于东郊朝阳门外板桥村十八号，建于清乾隆五十八年（1793）四月，属公建的七圣庙（民庙）。不动产土地九分三厘，房屋九间，庙内法物有神像七位，站童八位，礼器十二件。由此可以证明，板桥村的历史最迟可追溯至明代，而双关帝庙内的古槐最少树龄不低于400年。

双关帝庙真的如其名供奉两尊关羽神像吗？查阅资料，20世纪20年代末，北京双关帝庙还有四座、双马关帝庙一座，即位于西四北大街一百四十一号的双关帝庙，建于元泰定年，面积约一亩，佛殿四间，群房八间，本房四间，庙内法物有关公像两尊，站童七位，马两匹，火神一位，娘娘一位。位于崇文门外河伯厂一百五十二号的双关帝庙，建于清光绪三十四年（1908），属私建，本庙面积约一分二厘，殿房五间，庙内法物有关帝像暨配像共六尊，系泥胎。位于北郊二分署皇姑坟二十号的双关帝庙，建于光绪三年（1877），属私建，本庙面积一亩二分，房屋五间，围墙一道，门楼一座，旁门一道，庙内法物有关圣帝君两尊，泥王奶奶像一尊，代木龛一个，泥财神一尊，站像六位，马童两位，泥马两匹。位于内一区本司胡同一号的双关帝庙，建于明朝，属私建。本庙面积东西宽二丈五尺，南北长十丈零六尺，房殿十一间，庙内法物有神像二十八尊，均泥塑。位于内三区朝阳门水关南沟沿一号的双马关帝庙，建于清康熙十七年（1678），属私建。本庙面积东西七丈五尺，南北十二丈，房屋二十间，庙内法物正山门殿吕祖，东配殿财神，西配殿药王，正殿关公，泥像共四位。

从资料可以看出，双关帝庙主神为关公，与关帝庙无别，只是神像为两尊，自然马也为两匹了，是否有关公分身为文武二神之意，还是民间俗信之别，有待考证。

双关帝庙西配殿与古槐

打上来广营烙印的关帝庙

来广营在清朝是正蓝旗的兵营所在地,俗称"蓝营",后来成为村后取谐音叫"来营"。1908年,才最早使用"来广营"一名。明清至民国时期,来广营都是各朝政府的屯兵重地,到现在还有一些旧营房遗址。来广营乡原有32个自然村,从一些村的名字上可看出当年的地域特点,比如来广营乡带"营"字的村名非常多,如来广营、勇士营、清河营、黄军营,都与明初驻军屯垦和清代驻扎八旗拱卫京师有关。

来广营关帝庙据1928年北平特别市寺庙登记记载:坐落于北郊一分署蓝旗营房一二八号,属官建。本庙面积一亩二分,房屋十二间。管理及使用状况系本旗官庙,执事人保元、同惠、奇荣轮流值宿。庙内法物有土偶关圣大帝、火神、马王、武虎、药王、娘娘九位,菩萨,铁磬四个,木鱼一个,石铁香炉共两个,磁锡泥皮五供共五十六件,玻璃挂灯一对,大小牛角灯八个,另有石碑一对,旗杆一对,槐、榆、松、楸树大小共九棵。

来广营村除关帝庙外,还有马路南面与关帝庙遥相呼应的娘娘庙,时任北纬40°开发的中赫集团副总王东先生是区政协委员,通过文物部门知道了关帝庙的历史和作用后,协调集团出资保护这处具有来广营烙印的关帝庙,工程起于2007年,

来广营关帝庙重修记

完于2008年奥运前夕。笔者为之撰写了重修记碑，立于庙内。

来广营关帝庙重修记

关羽，山西运城解州常平人。汉封侯，宋封王，明封大帝，其对国以忠、待人以仁、处事以智、交友以义、作战以勇，彪炳日月，大气浩然。故为万民所崇祀，中外同奉，上下共仰。

民间以其信义耿介，奉之为扶正保民之大神；士人以其忠义正直，奉之为礼仪道德圣人；将士以其神武善战，奉之为克敌制胜的军神；商贾以其诚信利市，奉之为招财进宝的财神。

来广营本为明、清屯兵重地。世事沧桑，原官建之来广营关帝庙，仅存残破大殿三间。中赫集团尊崇关帝"中正刚健""神威显赫"之精神，在来广营乡协力下，慨然重修关帝庙堂，再开山门，愿国泰民安、商民普济，祈财运亨通、一方平安。

特勒石铭记之。

东湖渠关帝庙

据北京市档案馆编《北京寺庙历史资料》1928年北平特别市寺庙登记所载：东湖渠关帝庙，坐落于东郊四分署东湖渠三十一号，建于乾隆年间，合村公建。本庙面积四亩五分，大殿六间，大小群房八间；附属土地十三亩五分，附属房屋二间。管理及使用状况为私立小学用房三间，余合村公用。庙内法物有坐像铜佛三尊，马童一个，娘娘殿泥胎像十五尊，站像铜佛一尊，泥塑土地两尊，泥塑马匹两尊，泥塑像十一尊，铁钟一口，铁磬五个，瓦香炉十五个，石鼎一座，磁香炉两个，铁鼎一个，缸瓦蜡台一对，铜磬一个，缸瓦香炉一个，另有大小柳、槐、松、杨等树九十余棵，水井一眼。

2004年底，北京城建集团东湖湾房地产开发公司在拆迁东湖渠村时发现残存的关帝庙西配殿，立即上报区文物部门。按照《文物法》的规定并结合实际情况，文物主管部门同意由开发商出资100万元，落架并按庙宇规制复建大殿、东配殿、环建院墙和随墙门，西移1500米至征地范围内即将修建的北小河公园。修缮后的东湖渠关帝庙前有广场，北小河在广场前缓缓流过，东、西、北三面人工堆砌的土山上树木葱郁，成为公园具有深厚文化底蕴的一处人文景观。

朝阳区是北京城市化进程最快的地区之一，古文化遗产保护遇到现代化进程的强烈冲击。而东湖渠关帝庙又是朝阳区城市化进程中遇到的第一处深藏乡村的残破庙宇。东湖渠村历史悠久，早在明代即已成村。据1886年缪荃孙自永乐大典抄题为《顺天府志》记载：洪武六年（1373）在宛平县设置急递铺十处，每铺置烟墩一座，其中就有胡渠铺。同书记载大兴县四至时提到"北至宛平县胡渠村壹拾里"，在大兴县乡社中有东湖社。说明胡渠由驿铺发展至村，再由村分化为后来的东湖渠、北湖渠、南湖渠三个村落。今天的东湖渠村演变为东湖湾社区了，只有东湖渠关帝庙静静地注视着历史的风云变幻。

六世班禅衣冠塔——清净化城塔

清净化城塔是北京四大金刚宝座式塔之一。2009年，刚从青海省循化县文都乡麻日村十世班禅故居瞻礼归来的我，又有缘来到班禅大师生前工作、生活所在地西黄寺进行普查工作。

清净化城塔又名西黄寺塔，位于北京市朝阳区安定门外西黄寺路的西黄寺塔院内。始建于顺治九年（1652），是顺治皇帝为五世达赖喇嘛修建的。乾隆四十五年（1780）7月22日，六世班禅喇嘛到避暑山庄依清旷殿晋见乾隆帝，祝贺乾隆皇帝寿诞，旋即进京，驻西黄寺。12月2日，六世班禅因染天花在西黄寺圆寂。乾隆皇帝辍朝一日，命北京所有佛寺诵经49天，为班禅超度，并用赤金铸六世班禅像一尊，供于西黄寺大殿；另用赤金7000两营造一座金塔，将六世班禅肉身移至塔内。1781年春，清政府派理藩院尚书，护送六世班禅骨身舍利金龛运回日喀则的扎什伦布寺。

乾隆四十七年（1782）为纪念六世班禅，在西黄寺的西侧兴建清净化城塔院，将六世班禅的衣履和经咒葬在塔内，建造了六世班禅衣冠塔，即"清净化城塔"，俗称"班禅塔"。清净化城塔为汉白玉砌筑。主塔高16米，建于一个高3米的台基上，为西藏风格的覆钵式塔，八角形的须弥座承托塔身。须弥座以莲花、卷草、云彩、蝙蝠等为纹饰，雕刻有佛教"八相成道"的故事。八个拐角各浮雕一尊蒙、藏形象的力士像。塔身周围雕刻八位立式菩萨像。塔刹为铜制鎏金双层莲花、相轮、宝瓶盖顶，顶端是个金光灿灿的金葫芦，内藏佛经。主塔四隅，各有高约7米的密檐式经幢一座，上刻经咒《楞严大哈达喇呢咒》《般若波罗蜜经》《千手千眼无碍大悲心大哈达喇呢神章妙句》《佛说药师如来本原经》。塔台南面和北面各有一座四柱三楼通体为汉白玉雕成仿木结构牌坊，南面正向的牌坊题额为"慧因最上""妙祥真空"；北面居后的题额

寺庙修缮利用

为"圆觉观音""华严海会"。牌坊顶为庑殿式,下拖斗栱,额枋浮雕龙凤和藏文经咒;二边楼柱面上浮雕缠枝八宝,柱上刻乾隆书楹联,石柱和抱框为整石雕成,柱脚用浮雕莲瓣串珠夹柱石,中间锢以铁箍。塔台的阶梯两侧各蹲立一尊汉白玉的辟邪,身上长有翅膀,昂首吐舌。塔前方东、西各有碑亭一座,东碑亭石碑刻有乾隆御笔《清净化城塔记》,碑阳满汉文,碑阴蒙藏文;西碑亭石碑上方刻乾隆御笔《写寿班禅圣僧并赞》,附满蒙藏三种译文,下方线刻乾隆绘画的《祈寿长椿图》,这都是乾隆皇帝在六世班禅病重时亲手描绘和撰写的。

1927年,九世班禅组织修葺西黄寺清净化城院,1928年竣工。此后,清净化城塔院一直由班禅驻京办事处派人管理。1954年,十世班禅额尔德尼·确吉坚赞与十四世达赖喇嘛前往西黄寺朝拜清净化城塔。1979年8月21日,北京市政府宣布西黄寺为北京市重点文物保护单位。1987年9月1日,中国藏语系高级佛学院在西黄寺正式创立,十世班禅大师亲任第一任院长。2001年被国务院确定为国家重点文物保护单位。西黄寺复建后成立了博物馆,并对外开放,揭开了它神秘的面纱。

独特称谓的双龙寺

残雪中的萧太后河在阳光的映照下光怪陆离,坐落在双龙寺庙址上的十八里店乡西直河小学里的琅琅书声顺着冷风穿街走巷与萧太后河相聚。

双龙寺庙址尚存,主殿、东配殿、山门均失,在此基础上建起了成排的教室,仅存西配殿三楹并被改造成小学库房。

寺庙改为学堂,风起于清末民初,100多年来被用于人们精神寄托的佛道寺观,不知培养了多少仁人志士、治国精英,而社会反哺于摇篮寺庙的修缮费用何其少也!许多"百年树人"的寺庙学堂破败不堪直至自然毁失!从京城内外徒有虚名的许多寺庙地名,稍有头脑的人都会好奇,祖先留给后人的珍贵遗产都是何年何月消失在谁手中?当然,战争、"文革"是破坏的罪魁祸首,但一天天、一点点在我们眼前惨遭破坏而消失的遗产还少吗?但愿拆城墙、拆四合院的无知行为别再继续!

民国档案记载,坐落于南郊三分署西直河村路西一号的双龙寺,始建于清康熙三年(1664),属西直河村合村公建。双龙寺占地面积三亩三分五厘,房屋共十三间,有大殿、东配殿、西配殿,按中国传统建筑格式,大殿东、西应各有耳房两间。庙内法物有木神像五尊,泥佛像二十八尊,关圣帝君等,如来我佛,十八罗汉等共五十一尊,铁香炉两个,铁烛扦两个,铁香桶一个,铁磬两个,铁钟一口。另有井一眼,柳树十五棵。可以看出,民国时期的双龙寺以佛教为主,关圣帝君这样的道教神祇也进入佛寺,佛道合一,满足民众不同需求。

双龙寺的称谓值得研究和玩味,既与龙王供奉无关,又与单一的佛寺、道观相左。在西配殿脱落的白灰墙下,我们惊奇地发现了似为"牛首人身"又像"龙首人身"的残存壁画,因无其他参照物而不可确定。"牛头""马面"常用于表现地狱场景,难道西配殿壁画绘制的是类似于"十八地狱"审

◆ 寺庙修缮利用

判人间罪恶之人的场景？但是，我们常见的"牛头"作为地狱里的低级军吏，往往穿着盔甲，青面獠牙、筋骨暴突，手拿狼牙棒之类的兵器，一副凶神恶煞的模样。而此幅壁画，身穿宽袖大袍，大腹便便，一副斯斯文文、悠然自得的样子，左手似在指点什么，让人很容易想到龙王。可是，常见的龙王一般穿蟒袍、持笏，而此壁画所绘之神只是一般官吏形象。究竟是"牛头"还是"龙王"待到壁画揭取时，洗去表面白灰，定会露出"庐山真面目"。从人物窄肩且呈八字下滑及墨笔平涂的画法看，壁画画于清代康熙时期，属建庙时民间画匠所为。

难以断定是龙王还是"牛头"的壁画

双龙寺仅存的西配殿除保留了古建主体外，大脊、侧脊均被改造，屋面铺上了水泥瓦面，说明改造的时间当在20世纪80年代左右，阶条石被红砖、水泥包死，四周散水也被清除。如今，雨水渗漏的山墙痕迹斑斑，让人很担心壁画的损毁，更担心古建的安危，何况是学校还有那么多打工子弟！

双龙寺西配殿

供奉雷神的九天普化宫

新中国成立前，九天宫西邻东岳庙，斜对慈尊寺（俗称十八狱庙）。在人们的心目中，九天宫代表着天堂，十八狱代表地狱，东岳庙则是地府的审判机关。香客们在泰山神东岳大帝及各职能机关——七十六司前，将自己过去一年的善恶得失算算账，顺便祭拜一下先人的亡灵。出来后，再去看看亡灵的归宿——吉祥幸福的天堂和阴森恐怖的地狱。

据记载，九天宫坐落于东郊二分署朝阳门外大街路北二百二十七号，建于明万历年，属私建。本庙面积十八亩二分七厘，共房五十二间半。管理及使用状况为归东直门内药王庙管理。庙内法物有雷祖等像共七十二尊（内铜像三尊，木质画像十一尊，其余均为泥像），铁五供一份，铁鞭一柄，铁鼎炉两个，大小铁烛扦三对，铁香炉六个，铁磬三个，另有石碑两座，大小榆树、槐树、松树共四十五株。据东岳庙最后一位道士傅洞奎回忆，正殿雷祖殿雕像为悬山塑，分上、下两层，依墙而上，气势宏伟。神像奇异，相传皆仿照唐代著名雕塑家杨惠的雕塑法，堪称京城一绝。殿中供奉真武像，悬山正中为九天应元雷声普化天尊。真武像为明代铜铸，体量高大，法相庄严。1955年，东四区合作社为完成购铜任务，竟将重达5吨的铜像当成废铜烂铁，砸碎装进麻袋，准备运往永定门仓库熔化。后经举报，文物组出面干涉，铜像才没被送进熔炉，如今这些残片已无从查找。21世纪初拆迁改造时，九天宫为朝阳区五金综合批发部仓库，现为北京民俗博物馆所使用并被辟为东岳美术馆。

雷神崇拜最早源于古代先民对自然界雷电现象的畏惧，天人感应观念的产生又赋予雷神鉴别善恶、除暴安良的社会职能，成为主持天道的神祇。北宋末年，道教构造了以九天应元雷声普化天尊为主神的一系列雷部诸神，形成了一个庞大的道教神统——雷部。关于雷祖究竟是谁，说法不一。道教持元始天尊九子玉清真王之说，《明史·礼志四》称："雷声普化天尊者，道家以为总司五雷，又以六月廿四为天尊现示之日，故岁以是日遣官诣显灵宫致祭。"并且道教中还有招请雷神的雷法，此法以符箓法术为用，道士则要念《玉枢宝经》，做道场，妖捉鬼炼度亡魂、召神驱邪、兴云致雨。民间也有黄帝、闻仲的说法。九天应元雷声普化天尊是雷部的最高神。雷神的形象，最明显的特征是猴脸、尖嘴，所以民间有之"雷公脸""雷公嘴"的说法。

九天宫现存大殿三间，五架梁，旋子彩画。面宽22米，高10.6米，木架结构为四梁八柱。殿前东、西两侧各立石碑一通，东侧为清顺治四年（1647）重修碑；西侧为2004年8月出土的清顺治五年（1648）玉枢宝经碑，殿前有月台，设七步台阶。2004年由于建造当时的"岳秀市场"改称"百脑汇"，今又转成美克美家"洞学馆"，环境虽有极大改善，沿街耸立的九天宫还是被围在水泥建筑中，令人嗟叹不已。

关西庄关帝庙

北京市四清环卫工程集团有限责任公司院内，修缮后的关西庄关帝庙焕然一新。查看民国时期的档案材料可知，该庙建于清道光三十年（1850），属合村公建的关西庄关帝庙，民国十七年（1928）门牌号为关西庄一号，面积一亩三分，房八间，庙内神像有关帝、财神、山神、龙王、土地、周仓、关平、小鬼、夜叉、西洋回回、马童两位、马王、药王、青苗、童儿四位，均泥像，铁钟一个，木香炉一个，铁磬一个，另有树六棵。可以看出，关西庄关帝庙除供奉主神关羽之外，还供奉了许多民间常见的道教神祇以及俗神。

关西庄村内民国时期还有关西庄三十九号的地藏庵，建于清光绪元年（1875），属合村公建，面积三分，房屋一间，有神像地藏菩萨，童儿两位。关西庄五十五号的白衣观音庵，建于清光绪元年，属合村公建，面积一亩五分，房屋一间。新中国成立后关西庄、关庄两村连为一体，统称关庄，关帝庙为关庄村供销社使用，原有东、西耳房各两间，20世纪七八十年代山门倒塌损毁，仅存古建正殿三间，一直由关庄村委会使用，因残破无力修缮于90年代中腾退空置。早在1984年，残破的关西庄关帝庙就被列为朝阳区文物保护登记项目。

关西庄关帝庙的修缮，起因于2007年5月14日北京市四清环卫工程集团有限责任公司《关于迁建朝阳区大屯关帝庙的申请》，同年5月23日朝阳区文化委员会回复，根据《中华人民共和国文物保护法》的相关规定，"国有不可移动文物的所有权不因其所依附的土地所有权或者使用权的改变而改变"；关西庄关帝庙需"原址修缮保护，并局部恢复原有一进院建筑布局"，北京市四清环卫工程集团有限责任公司请北京市文物古建公司做158万元的概预算。后经北京市"2008"工程建设指挥办公室协调，朝阳区人民政府批准，同意由朝阳区财政出资158万元修缮关西庄关帝庙，并于2007年11月10日签订修缮合同。朝阳区文化委员会又致函北京市四清环卫工程集团有限责任公司，依据《北京历史文化名城保护条例》"具有保护价值的建筑的所有人、管理人、使用人，应当按照有关保护规划的要求和保护修缮标准履行管理、维护、修缮的义务"之规定，要求由其承担设计费和监理费，政府不再追加费用。因奥运期间不能施工等原因，原预定2008年7月竣工的工程，于2009年5月竣工。

关西庄关帝庙是清代建筑，关庄村因该庙得名。随着原有村落的消失及基本建设的发展，关帝庙作为地标性建筑的意义尤显重要和突出，文物主管部门依据《中华人民共和国文物保护法》的文物保护精神，同意将现存关帝庙庙址向西移动调整10米，为四清集团奥运工程建设创造条件，虽历经波折，但不失为文物保护与开发利用的一个成功尝试。

荟萃民间俗神的东岳庙西廊

在北京东岳庙西廊，民间俗神信仰体系中的药王殿、鲁班殿、鲁祖殿、马王殿、月老殿、火祖殿、仓神殿、海神殿、瘟癀殿、玉皇殿、斗母殿、岳帅殿、丰都殿、眼光宝殿、延寿宝殿、显化殿、观音殿、自治公所、森罗宝殿、判官殿、三官殿、东岳宝殿、灵济先祠23个有名殿座，4个无名殿座，围绕皇家庙宇东岳庙中路东岳大帝信仰体系，民间信仰的药王、鲁班、马神、月老、火神、仓神、海神、瘟神、玉皇大帝、北斗神、岳飞、丰都神、眼光娘娘、观音菩萨、天地水三官、东岳大帝、地狱神、判官、关帝、东岳庙历代前辈住持灵牌等，仅瘟癀殿供奉的瘟神就有五位，春瘟张元伯，夏瘟刘元达，秋瘟赵公明，冬瘟钟仕贵，总管中瘟史文业；五位瘟神又称五瘟使者，中国古代民间信奉的司瘟疫之神。如果联系到朝外供奉雷神的九天普化宫、不善之人入地狱的十八地狱、主管人间生死荣辱的东岳庙，朝外大街称得上是京城道教信仰的集中地，可谓荟萃了道教民间诸神，成为京东南来北往人士无所不包、无所不能的精神寄托之地。通惠河和朝阳门石道作为水陆通衢，掌控着旧京的经济命脉。上至祭奠清陵祖先的皇室贵族、下至运粮经商的贩夫走卒，在朝外缔造了一幅立体信仰图画。

咸丰三年（1853）东岳庙《地界碑》记述："西廊一带计殿宇房屋二百二十间；西廊系官地，其房屋均系募缘修理，管理公事之人不得占为私业。"东岳庙碑刻中，康熙十九年（1680）菊月上浣之吉立的《添设粥厂碑》首次提到"饥民……住宿东岳西廊两月"，说明清初西廊已成形。从康熙五十九年（1720）所立《老悬灯会碑记》记述玉皇殿住持关尚任、京都朝阳门内东四牌楼马市众善弟子所立《马王庙在会众信奉祀碑记》、乾隆十四年（1749）东四牌楼驴行弟子《马王圣会碑》"故年例，秉心于东岳庙西廊三

东岳庙西廊古建群

火神殿、海神殿、仓神殿

◆ 寺庙修缮利用

马王殿、观音殿、月老殿

皇殿内马明王圣前……重修"、乾隆二十九年(1764)京都羊行元宝老会众善弟子《羊行老会碑记》、道光十六年(1836)《重建斗坛延寿殿碑》"西廊内斗坛延寿殿、火祖殿日渐倾圮,住持等发愿重修,又此院内住持等发愿修立海神、仓神左右配殿。谓此斗母主消灾,火神永护平安,海神通于津淀,仓神保于粮储。……仓神殿东西客堂建立",道光十八年(1838)德盛木厂、复兴木厂、通和砖窑、兴泰米局、福泰粮店、万源翠局、天一银楼、永兴号、公兴轿铺、乾裕粮店、鼎茂酱房、日盛轩等众善人《海神殿山门平台碑》。证明至迟到咸丰初年,东岳庙中路庙宇作为官庙已不再将东、西廊包括在内。历史上,西廊庙宇名称有些许变化,包括至今查不到名称的四个殿座;有资料表明,一些殿座就是用来停尸做道场的,也有一些是供住持、道士居住的道舍。

鲁祖之殿从大清康熙五十八年(1719)岁次己亥夏五月下浣谷旦所立《修建公输仙师碑记》:"择地于东岳庙之廊宇,盖而塑立之。"建成时间为1719年。北京东岳庙在修缮西廊古建过程中,发现立于中华民国三十年(1941)的"建修鲁祖圣殿碑记"和碑额撰写"鲁祖圣殿"的两通碑,证明东岳庙西廊最后一座庙宇鲁祖圣殿,建成于中华民国三十年,而且李天兴棚铺、张外天成号等15家棚铺、李锦等86位棚户还筹款修缮过西廊药王殿和丰都殿。近年,占地7853平方米、古建2290平方米的东岳庙西廊古建群已修缮完毕。2008年初,东岳庙被批准为道教活动场所。荟萃民间俗神的东岳庙西廊引起民俗界、宗教界和社会各界人士的广泛关注。如今,北京民俗博物馆将东岳庙西廊开辟为行业祖师文化展示、非遗民俗活动和中外文化交流传播的北京民俗文化中心。

楼梓庄关王庙

农历十五,是南磨房楼梓庄关王庙的开庙日。逢值此日,常见众多参观者仔细分辨着每组画像的含义和妇孺皆知的典故,"桃园三结义""温酒斩华雄""三英战吕布"等。

楼梓庄关王庙建于明末,清康熙年重修,属合村公建。1928年北平特别市寺庙登记、1936年第一次市寺庙总登记对此庙均有详细记载。抗战前夕,"坐落南郊广渠门外楼子庄一号"的关王庙,"不动产土地二亩一分四,房屋十七间,土房三间,小庙一间。管理及使用状况为供佛,警察驻所。庙内法物有铜像两尊,泥像十八尊,铜钟两口,铁磬五口,木、铁香炉烛扦十八件,香沙像一尊,泥马一匹,铜狮象犼三个,供桌四张,另有井一眼,槐树四棵,榆树两棵"。

21世纪初,楼梓庄村改造建楼,当时仅存主殿三间,周边环境破败。在文物部门的支持下,殿座于2006年落架迁至旁边公园,残存珍贵壁画约20平方米,经专业人员科学揭取并清洗后复原墙壁之上。笔者作为文物主管部门负责人,参与了关王庙修缮的全过程,并书写碑文立在庙内。

南磨房关王庙重修记

关羽(一六一—二一九),字云长,山西运城县解州镇常平村人。东汉建安五年受封为汉寿亭侯,十一年封为壮缪侯。北宋崇宁元年封为忠惠公,二年封为崇宁真君;大观二年封为昭烈武安王。明万历四十二年封爵号三界伏魔大神威远震天尊关圣帝君。清顺治元年,封号忠义神武关圣大帝;嘉庆、道光时期封号仁勇威显护国保民精诚绥靖羽赞宣德忠义神武关圣大帝。儒称圣、释称佛、道称天尊,三教尽皈依。

史载最早之关公庙修建于湖北省当阳县玉泉山西北关羽被害之地，时间为南北朝时期陈国光大年间。隋唐以降关庙渐多，明清时期关公信仰达到顶峰。仅在北京，就有大小关帝庙一百一十六座，九门之内都有关公庙。当时义勇倾三国，万古祠堂遍九州。英名妇孺知，香火遍天下。

楼梓庄成村于明永乐年间。村中建有一座石楼，楼前有随南方移民栽种的梓树，故村以楼、梓命名。今村庄已无，村落更为世纪东方嘉园，仅存清式关王庙殿宇一座，然庙貌早失。先祖遗存既无，谁人还识楼梓庄？北京世纪城房地产开发公司志士仁人对关公人品、神性尊崇有加，秉承其忠、义、勇、信之精神，慨然择吉地重修关帝庙，环建墙垣，再起山门，庙象焕然。祝中华国泰民安、祈南磨房财运亨通、祷家人安康福寿。如此善举，当勒石铭记以垂千古流芳。

南磨房乡人民政府　北京世纪城房地产开发公司
二〇〇六年六月八日农历五月十三"关公诞辰"日立

小郊亭村的普门寺（俗称尼姑庵的普门寺）

千年古村小郊亭村内俗称尼姑庵的普门寺，院内前廊后厦的主殿，坐西朝东，多年失修的西坡屋顶已于2007年被暴雨淋塌。南、北配殿殿高略低于主殿，但体量比主殿还略大，古建形制也是前出廊。院内古柏挂着蓝牌，标示这是一棵二级古树，树龄必在200年以上。当年普查时曾遇到两位让人记忆犹新的出家人。站在普查队员面前的一位年逾七旬、尼姑着装的老太，居此修炼已达10余年；另一位刚刚从佛学院毕业法号"长宏"的青年和尚，也居此呼号修缮破败不堪的普门寺。出家人慈悲为怀，奔走呼号抢救古寺庙，与那些只图政绩的政客相比，其言其行可嘉。文化遗产的保护是默默无闻的充满着良心和责任心的工作，从道德和职业操守讲上对得起祖先下对得起子孙，如果为名图利，必然是古迹消失、历史断档，留给后人的只有传说了。

民国时期记载，坐落于东郊小郊亭村一号的普门寺，属僧寺，建于明万历十六年（1588）正月，属私建，不动产房基地十亩余，房屋二十二间，附属房基地五十五亩，管理及使用状况为房屋供佛及自住，附属土地出租，自收租粮。庙内法物有佛偶像四尊，神偶像三尊，礼器三件，法器三件，另有大小松、槐、榆等二十余棵。

辽太平六年（1026）已有郊亭地名。金大安元年（1209）更名交亭，元代恢复原名。"郊亭"名系由"郊亭淀"的谐音而来，该地原为浅水湖泊连片的地带。此地带出土的《大明赠武略将军锦衣卫副千户马君太宜人王氏合葬墓志铭》记述："京师有奇士曰马君昭者，其先实顺天府大兴县人，由宋历元止于兹。兹者，顺天府大兴县郊亭也。"由"宋历元止于兹"，说明马家在宋辽时已居于郊亭，与历史记载吻合。在土木堡之变死于乱军之中的马昭，并于明代景泰元年（1450）"遗骸不归，乃题木主及尝所服衣冠，葬于都城南西郊亭之原"，其妻王氏"有司选入掖庭为乳母","居宫中凡十有一年","以弘治元年十月二十七日得疾卒",与夫合葬于郊亭,铭曰:烈士丧元,以徇其忠兮;烈女洁身,有柏舟之风兮。郊亭之原,奠彼幽宫兮;刻行贞石,垂诸无穷兮"。

另从大郊亭出土的明嘉靖七年(1528)下葬的《明故昭信校尉羽林卫百户张公墓志铭》,墓主张晟"葬于崇文门外西郊亭祖茔之次",由此可知,辽郊亭村至迟到明嘉靖时已衍生为郊亭、西郊亭两地,即今天的小郊亭和大郊亭。按宋洪忠宣皓《松漠纪闻》云:潞县三十里至交亭,三十里至燕。故郊亭村成村历史悠久,至今已近千年。元代修通惠河设闸,"郊亭北,平津闸二","郊亭闸二,在都城东南二十五里银王庄",说明郊亭闸后改名平津闸。

残破的普门寺主殿

普门何意?天台宗将实相圆法周遍一切称为"普",实相无所蔽塞称为"门"。即谓《法华经》所说中道实相之理,遍通一切,无所壅塞,故诸佛菩萨乘此理,能开无量门,示现种种身,以拔除一切众生之苦,令成就菩提。意指周遍圆通,又译无量门。对此,智𫖮谓圆通,义则无量,略举则有十类,而立十普门之说。在密教大曼荼罗中，以大日如来为中心而诸佛、菩萨、诸天等聚会的胎、金两部曼荼罗，称为普门曼荼罗；又建立此曼荼罗坛，称为普门坛；悉诵持此等海会诸尊之真言，称为普门持诵尊。普门寺，即以观音为主神的佛教寺院。该寺庙坐西朝东，却有辽代契丹遗风，辽代始建的大觉寺便是坐西朝东的。当然，始建于明代万历年间的普门寺，或与通惠河自西朝东的流向以及历史上的庙基风水有关。

作为"城中村"的半壁店，原来老旧民宅聚集、私搭乱建、堆物堆料现象严重，致使胡同狭窄、安全隐患频频，市政基础设施瘫痪且无法修缮，每到汛期雨水倒灌，再加上村庄被污水处理厂、华能电厂、粪便处理厂和搅拌站包围，村民的居住环境可谓"四面楚歌"，苦不堪言。令人欣慰的是，2018年，根据朝阳区"十三五"完善首都功能核心区与北京城市副中心之间的生态保护带建设要求，高碑店乡在半壁店村建成"生态水乡"千亩湿地公园——北京通惠水谷湿地公园。

公园立有清代信武将军曹之俊碑、一等镇国将军西忒库碑、辅国公英格理碑以及清文林郎曹世荣夫妇墓碑四座碑。始建于明万历十六年（1588）的普门寺，现存正殿、南北配殿按文物古建修缮一新，院内矗立着一棵150余年的侧柏古树，诉说着普门寺的前世今生。

消逝的慈云寺和遗存的关帝庙

慈云寺旧址西侧英家坟小学院内，夹杂在南北居民楼之间的一座五开间、前后出廊的古建筑已被修缮，它常常让人联想到消失的慈云寺。古建之前是两株200年左右树龄的柏树，无言地透露出该大殿的始建时间为清代中期。学校一直认为是墓地建筑。

《宸垣识略》记述"慈云寺在朝阳门外八里庄，乾隆三十三年（1768）敕建，有御书石匾"。当年迁都南京时的民国档案记载：慈云寺坐落东郊二分署慈云寺村四十三号，建于清康熙四十三年（1704），属私建。本庙面积共二十亩，房殿共九十三间；附属土地庙北坡一百一十亩，庙西二十余亩，与庙基相连，张家湾有四百一十亩，附属房基二亩余，附属房屋本庙对过有房二十五间。管理及使用状况为出租。庙内法物有观音像三尊，十八罗汉像十八尊，旃坛佛一尊，毗卢佛一尊，四大天王像四尊，哼哈像两尊，老爷像一尊，达摩祖一尊，观音菩萨一尊，娘娘三尊，千手佛像一尊，观音像一尊，站童十七尊，木鱼一个，木五供三份，梆子一个，铙、钹各两副，中磬两个，台鼓两面，手鼓两个，铛四架，铪两副，铁钟两口，打鼓两面，引磬一个，铁牌一面，大乘经、楞严经、金刚三经、法华经，另有树七十余棵，井一眼，旗杆一根，庙前井一眼。

1936年抗战前夕，慈云寺变化不大，只是将该庙的始建时间上溯到明万历年。当时的慈云寺拥有不动产房基地十三亩六分，耕地二十亩，殿宇及群房一百间；附属房基地二亩，在通县张家湾有耕地四顷十九亩，房屋二十五间。管理及使用状况为殿宇供佛，其余群房自住。庙内法物有佛像五十尊，神像十七尊，礼器四十四件，法器十七件，泥童八尊，另有大小树七十六棵。可是到了1947年北平市寺庙总登记时，已查不到慈云寺的踪影，证明慈云寺的消失当在抗战时期。1950年，该地始建平房区，慈云寺荡然无存，只留下"慈云寺桥""慈云寺北里社区"等地名。

八里庄作为地名,其历史远远长于慈云寺、英家坟,国家图书馆珍藏的明代弘治十七年(1504)立石的《重修汉寿亭侯关公庙碑》拓片记述"东直门东八里庄云骈桥之西就有庙一间,乃御马监太监钱公能所建",重修于"弘治壬戌(1502)春正月",落成于"癸亥(1503)秋九月","分为左右厢各五间,后为居守之室,如庙之数,前为大门,再为长墉",钱能与八里庄、东坝缘分深厚,朝阳区文物部门保存的一块明代残碑上刻有钱能与八里庄东林庵的地契。《重修汉寿亭侯关公庙碑》显示的重要历史信息是:到明中期时,出东直门到东坝北马房,还需走如

关帝庙柏树

今的朝阳路,而且必过八里庄村。民国时期,八里庄还遗存有建于康熙四十四年(1705),房殿共六间的药王庙;建于乾隆五十年(1785),房屋三十一间,内有土房二间的显达寺。如今清代的药王庙、显达寺也已消失。

英家坟小学遗留的五间古建殿座,硬山、过垄、合瓦、卷棚、垂脊、老檐出,山墙使用了挑檐石、角柱石、好头石、阶条石,方砖博缝、拔檐、十字缝卧砖,前廊后厦被后来改造成槛墙抱入,阶条石以下被掩埋,从两棵柏树位置看似无月台,而且该殿似为原基址再建,整座建筑保留清末民初风格。查阅八里庄资料,清后期勒保、英桂先后葬于此地,根据大清法律,二人均无专用祭房的可能,而毗邻的慈云寺尽管拥有"殿宇及群房一百间",但坐北朝南的庙宇只能说与英家坟小学古庙隔街相望。而《重修汉寿亭侯关公庙碑》提到的"左右厢各五间",与现存古建五开间极为吻合,故将英家坟小学古庙定为"关帝庙",仅为一家之言。

以北京奥运会村长办公室闻名世界的龙王庙

龙王庙位于朝阳区原洼里乡龙王堂村，现奥运地区办事处奥运森林公园国际区，原名龙王祠、龙王堂，现名龙王庙，以别与因龙王堂而发展出的龙王堂村村名。因奥运会所需拆迁龙王堂村之前，龙王庙东邻洼边村，西至德昌高速路，北靠关西庄村，南达大屯路。据2008年初修缮龙王庙时挖出的明正德十六年（1521）《重建龙王堂记》残碑记载，明宪宗成化皇帝遇灾惊惧之时遣官"备祀物祈祷龙王祠"，"千金修之"，"坛公复捐己资而再造"，"柴公舍地一丛，在殿后善造方丈五间"。《重建龙王堂记》碑额阳面浅浮雕龙戏珠纹，二龙间抱圭形碑额，内双阴线浅刻篆文"重建龙王堂记"六字，灵芝形祥云让人不由得想起奥运火炬上的祥云，而这"缘"竟追溯到500年前。碑额阴面浅浮雕芝头云纹间采用双阴线刻印法反刻"万古芳存"四字。

从残存"监工官刘福"字样可断定肇始于成化年间的龙王祠在数十年后重建时，已有官府介入修缮，并由"祠"扩大为"堂"。另据清乾隆三十年（1765）由世袭三等子爵的镶红旗福通阿撰文、本庙住持瑜伽僧慧澄书丹的《重修龙王堂碑记》记载，"都城之北龙王堂者，郡志莫载，遗老无证，莫晓创自"，从漫漶不清的正德年间立的《重建龙王堂记》，隐约看出"一建于弘治十四年"，"再建于正德十六年"，此次自乾隆二十七年（1762）启动，历时近四年的艰苦修缮，让龙王堂"规模加巨"。保留至今的龙王神殿屋面黄蓝琉璃瓦顶（残存），当为正德十六年重修时继承成化年间皇帝敕建所遗。据传，龙王庙山门为龙嘴门，左、右侧门为龙眼皮门；在庙的东、西两侧各有古井一口，象征龙的眼睛，在一进殿内原供有龙王、龙母神像，后殿供奉四海龙王即黄、红、青、白四海龙神像；门前有地下泉水喷出，最高可达两米，但在北京严重缺水的今天此景早已不存。此地早年为皇亲贵族郊游习骥之地。后因战乱，屡遭兵火践踏，风貌严重受损。

◆ 寺庙修缮利用

变身奥运村村长办公室的龙王庙 　　保持乾隆年间修缮原貌的龙王神殿

修缮前的龙王庙 　　修缮中的龙王庙

　　1928年北平特别市寺庙登记：龙王堂坐落于北郊二区龙王堂村十三号，建于明朝，属募建。本庙面积一亩，房屋共七间。管理及使用状况为自行管理使用。庙内法物有龙王佛等像七尊，站童十尊，铁磬一口，铁烛扦一对，香炉一个，铁香筒一个，另有石碑两座，榆树两棵，楸树两棵。紧邻十四号还有建于清乾隆年间属私建的关帝庙一座，新中国成立前便已不见记载。

　　修缮后的龙王庙占地面积3050平方米，古建和复建2149平方米。奥运会期间作为历史上真正意义上的首座奥运会村长办公室，在此接待了奥运大家庭200余个代表团贵宾，成为北京"人文奥运"的最大一处亮点。这是朝阳区文物工作者对北京奥运会的杰出贡献。

见证奥运辉煌的北顶娘娘庙

奥运场馆中心区，即鸟巢、水立方的国家体育场和国家游泳中心，有历史上北京中轴线北延长线标志性建筑、著名的北京五顶八庙之一、市级重点文物保护单位、始建于明代的"北顶娘娘庙"。

1999年在北京市文物局以及朝阳区政府的重视下，拨款对仅存的山门殿、二进殿、钟楼进行了修缮。2003年，北顶娘娘庙被公布为北京市第七批市级文物保护单位，同年水立方为"躲避"北顶娘娘庙遗址而北移100米。2004年启动了主殿碧霞宫和东、西配殿及鼓楼的修缮，并对药王殿、玉皇殿及东、西配殿遗址做了绿化保护。奥运会之前，先后有两批近百家中外知名媒体采访北顶娘娘庙。奥运会期间，北京市委书记刘淇、市长郭金龙三次考察北顶娘娘庙，对文物保护和利用工作给予高度评价。国际奥委会第29届奥运会奥运协调委员会主席海因·维尔布鲁根参观后留言："简直难以置信，突然发现一座五百年历史的庙宇，这是一个伟

北顶娘娘庙修缮中与修缮后对比图

◆ 寺庙修缮利用

大的发现,感谢北京奥组委,这是北京这个伟大城市的一个不朽的传奇。"

据《1936年第一次市寺庙总登记》记载:北顶娘娘庙坐落于北郊区安定门外北顶村一号,建于明朝,属公建。不动产房基地二十二亩一分,塔院地五亩,房屋七十间,钟鼓楼二座。庙内法物有佛像一尊,神像一百十五尊,法器二十一件,经典一件,礼器三十三件,另有大小松柏十二株,槐二十株,洋槐一株,楸树四株,庙外柳树七株,榆树三株,井两口。如今,北顶娘娘庙恢复了娘娘殿、天王殿、山门殿、钟鼓楼等古建和主殿内的神像,保留了岱岳殿、玉皇殿及配殿遗址。与水立方、鸟巢构成一幅古老与现代相辉映的美丽画卷,共同书写和传承着中华文明的绚丽篇章。

北顶娘娘庙山门

珍藏奕劻手书匾额的南下坡清真寺

朝外二条南下坡清真寺藏有一方中华民国十七年二月十四日立的"吉林宁古塔马君骏之墓"碑。匾额标注的壬寅年桃月庆亲王书，清楚地告诉后人此匾写于光绪二十八年（1902）二月，书写人就是清末"首富"、声名狼藉的庆亲王奕劻，可惜的是前些年，好心的乡老、阿訇重新用大漆修饰了牌匾并用金色漆涂字，令人嗟叹！

南下坡清真寺大殿属典型的中国传统建筑"勾连搭"式，山门原为传统门楼式，后改为如今的伊斯兰拱门圆顶式样，原来的石匾断裂堆砌在大殿旁。该寺始建于清光绪年间，由当地回民集资兴建。一直为当地回民群众做礼拜之用，也是北京市回民殡葬管理所，回族英雄马骏牺牲后，夫人杨秀荣女士按伊斯兰习俗，在南下坡清真寺洗礼后葬于该寺附近的回民公墓。1986年进行了修缮并重新彩绘，同年5月，南下坡清真寺被公布为朝阳区文物保护单位。现存古建正殿132平方米，南、北配殿共68平方米，并附有南、北配房。

奕劻，满族爱新觉罗氏，乾隆帝第十七子永璘之孙。光绪十年（1884），慈禧太后罢斥恭亲王奕䜣，因缘接任总理各国事务衙门大臣，主持外交，并晋封庆郡王。次年设立海军衙门，受命会同醇亲王奕譞办理海军事务。1894年，封庆亲王，权位渐崇，而庸碌无为。1900年，八国联军入侵北京，慈禧太后与光绪帝逃往西安。1901年，代表清政府签订《辛丑条约》。总理各国事务衙门改为外务部后，仍任总理大臣。1903年，荣禄病死，奕劻入军机处任领班军机大臣，旋又管理财政处、练兵处事务，集内外大权于一身。奕劻为人贪鄙，与其子载振、大臣那桐卖官鬻爵，被时人讥为"庆那公司"。历史似乎为后人开了一个大玩笑，一百年后的今天，2007年和硕庆亲王奕劻撰的《重修北顶娘娘庙碑记》石碑（残）、为和硕庆亲王奕劻歌功颂德的《重修北顶庙碑记》残碑重现天日，尤其是庆亲王奕劻光绪二十

◆ 寺庙修缮利用

九年（1903）施巨资修缮的北顶娘娘庙在北京奥运会期间大放异彩；那桐墓古建群三座四合院奥运前修缮后焕然一新，怎不让人感叹时光留下的"阴差阳错"。

南下坡清真寺大殿分卷棚、前殿、中殿、后殿四部分。卷棚三大间，矗立在全殿最前方。大木起脊式的礼拜大殿卷棚、前殿、中殿、后殿各有起脊的屋顶，上面用"勾连搭"的形式连在一起。大殿的平面呈十字形，后殿再起亭，使整座大殿建筑成一整体而又富于变化，有主次轻重之分，是一种极成功的处理手法。这种"勾连搭"结构，自明代以后便普遍使用于内地回族清真寺较大的礼拜殿，成为中国内地回族清真寺的一种典型形式。所谓"勾连搭"，是将两个或两个以上的坡顶平接，其间形成排水天沟，将雨水排向天沟两端。这种建筑结构，使清真寺大殿在平面布置上富有极大的灵活性。一座大殿，经过几十年、上百年之后，因穆民人口激增，殿内容纳不下时，即可用几个"勾连搭"，将大殿扩充增大。故清真寺大殿平面多为窄而深的长方形，这也是中国清真寺大殿建筑花样繁多的重要原因之一。"勾连搭"的建筑结构，是中国伊斯兰教大殿建筑所独具而国内其他古建筑所没有的，在中国古建筑史上占有重要地位。

奕劻手书的匾额

中西合璧的平房天主教堂

平房乡正街87号平房天主教堂，在沿街一排排新式砖房、平房中，坐落着一座迥异于中式传统青砖灰瓦、木架结构、屋顶起脊的西式建筑。

平房天主教堂始建于1932年，呈长方形巴西利卡式，占地4000多平方米，曾先后用作灯泡厂、敬老院，1991年复堂，北京教区神学院迁入。1996年进行了维修与扩建，加建了钟楼，使教堂内设施更加齐全。每年这里都举行圣诞节、复活节等天主教的庆典，是周边天主教徒朝拜的神圣之所。钟楼位于南端入口之处。教堂立面装饰及细部多用罗马式风格的拱券，具有典型的罗马式风格。室内装饰中西结合，中厅为券拱结构，圣坛空间形式独特，上方覆盖着圆形穹顶。建筑材料下部用混凝土，顶部为青砖。教堂建筑形体高大，窗子呈拱券式，屋顶为两面起脊中式房顶。三层高的钟楼可俯瞰全村，风格与北京乡村面貌迥异，是京郊在20世纪30年代具有典型时代意义的物质沉淀文化，凝聚成平房村永久的文化历史记忆。

平房村历史悠久，据1928年北平特别市寺庙登记，村中有位于八十二号，建于道光五年（1825），属合村公建的小真武庙，庙内法物有泥塑像九尊；位于四十四号，同治五年（1866）三月重修，属合村共立的小真武庙，房共三间，庙内法物有泥塑像七尊；位于六十九号，清光绪十四年（1888）三月初一日重修，属合村共立的房屋十一间的七圣庙，庙内法物有七圣泥胎泥塑九尊，木像菩萨三尊。

北京天主教堂的历史可以追溯到元大都时期，来自欧洲罗马天主教修士孟高维诺于1294年在北京修建了第一所天主教堂。目前北京仅有门头沟区后桑峪村天主堂是元代所建，该教堂也是北京地区现存最古老的教堂。明万历三十三年（1605），利玛窦获准在宣武门内兴建天主教堂，这就是民间俗称的南堂，宣武门天主堂也是时隔 300 年后在北京出现的第一所天主教堂。自从清顺治年间开始，天主教会开始在北京大规模兴建教堂。由于天主教禁止中国信徒祭拜孔子和祖先，自康熙年间开始，中国禁止天主教公开传教，许多教堂被官方没收。1901 年清政府与西方列强签订了《辛丑条约》，在此之后，天主教等基督教流派加速进入中国的脚步，这一时期的教堂建筑与天主教本身一样，都更加本土化了。20 世纪 30 年代为北京教堂建设全盛时期，北京全境有教堂逾 80 座。平房天主教堂就是在这一大背景下建立的。

平房天主堂

天主教在北京属于外来宗教，教堂的数量远远不及佛教和道教的寺院宫观，但北京教堂大多是建筑精美的历史建筑，是老北京建筑具有独特风味的一个组成部分，有着很高的历史价值和艺术价值。教堂的建筑风格主要有罗马式、拜占庭式和哥特式三种。平房天主教堂等近代新式教堂建筑比较简朴，大都为长方形礼堂，内部由于重视讲道，讲台一般置于显著地位。建筑风格融入了中国传统建筑的元素，虽然建筑平面采用了新式教堂常见的长方形，但是屋顶为中国传统的硬山顶，教堂大门开设在南侧山墙上，门顶后建钟楼，门前建有琉璃攒尖四角方亭，是基督教建筑与中国传统结合的典范之作。

重修弥陀古寺碑记

　　弥陀古寺位于北京市朝阳区洼里乡羊坊村。创建于明代，清康熙年间重修，后逐渐塌毁，民国十二年村民集资再修，一度作为小学和印刷厂使用，寺庙功能逐渐荒废。以弥陀命名寺庙者，民国年间北京内外城尚达十一处之多，世事沧桑，今仅存羊坊村弥陀寺一处，然洼里乡已衍变为奥运村办事处，羊坊村亦更迭为奥运媒体村，具有文脉传承性、地理坐标性之弥陀古寺能不谓古乎？北京北辰实业股份有限公司出资壹佰万元，清华大学建筑设计研究院修缮设计、北京怀建集团有限公司修缮施工，自公元二〇〇七年六月至二〇〇八年四月，完成南殿、北殿原址修缮和西配殿、东南小门落架整体后移修缮，更新糟朽梁柱，重饰脱落彩画，古庙焕然一新。铭石以记，以求后人知之。

北京市朝阳区文化委员会
二〇〇八年五月一日立

南湖渠兴隆寺

南湖渠兴隆寺的发现起因于南湖渠村的拆迁和南湖变电站的修建。2007年3月下旬，北京市电力公司派人到朝阳区文化委，希望核实南湖变电站旁的旧房是否属于文物，文物工作者查遍档案，未有记录。现场勘察认定其风貌属清前期特征的庙宇形制，现存主殿、配殿各三间，十分破败，主殿山墙遗存壁画。文物部门立即联系望京街道办事处，双方达成由开发单位出资原地修缮保护南湖渠兴隆寺的一致意见。此后陆续有当地居民分批到文物部门询问保护意见、咨询捐款集资修缮兴隆寺事宜，文物部门惊异为何此地居民如此关注文物保护工作，经调查了解才知居民试图以修庙为由阻止变电站的修建，并查实此庙的名称为兴隆寺，历史记载坐落于东郊区署第四分署南湖渠八号，建于清康熙五十年（1711），面积南北长十九丈，东西宽十丈五尺，占地合现在2216.55平方米，瓦房十六间，庙内法物有释迦佛一尊，站童两尊，弥勒、药王、虫王、五道神、龙王、财神、土地、韦驮等像，木五供一份，铁磬一口，小铁钟一口，殿鼓一面，磁香炉四个，土香炉十六个，另有小松树五棵，槐树两棵，小树两棵。

查北京史志，民国年间北平有包括南湖渠兴隆寺在内的兴隆寺、兴隆庵、兴隆会众禅林九座。另八座为北郊三分署安和桥兴隆寺一号的兴隆寺，清乾隆二十九年（1764）募重建，民国十三年（1924）自筹经费重修私建，面积三亩一分五厘，瓦房三十间，庙内法物有佛像一尊，佛童两尊，神像四尊，神童六尊，均泥胎。坐落于安定门外北郊二分署上龙大院四号的兴隆寺，建于清道光年，私建。本庙面积约五亩，房屋十八间，庙内法物有佛神像三尊，法华经、金刚经、地藏经各一部。坐落西郊二分署青塔村四号的兴隆寺，后改为兴隆庵（尼僧庙），建于明朝，原有大殿三间，嗣经尼僧于道光十八年（1838）私资重修，本庙面积东西六丈五尺，南北十五丈，房殿十五间；附属庙基三亩，毗邻十亩出租，庙内法物有泥老爷一尊，泥娘娘九尊，泥菩萨三尊，泥华佗一尊，泥王奶奶一尊。坐落于东郊三分署界夏店村六号的兴隆寺，建立年代失考，属公建，面积约二亩，房屋二间；附属土地四亩余，与庙墙基相连。庙内法物有释迦佛一尊。坐落于内二区口袋胡同十九号的兴隆寺，建于清康熙年，属私建，面积约一亩二分，房殿十九间，系自有家庙，庙内法物有木像一尊，泥像大小二十二尊。坐落于内六区北长街十六号的兴隆寺，建于明朝，清嘉庆年重修，属私建，面积四亩七分八厘，佛殿二十一间，住房三十一间；附属公共墓地五十六亩，位于平西张化村；太监居住；法物有菩萨、关帝、罗汉、真武、火神等神像，俱泥胎，有石碑四座。坐落于北郊第三分署侍卫营八号的兴隆寺，建于清乾隆十八年（1753），民国七年（1918）五月置买，属私建，面积一亩四分，殿房三十一间；附属土地三十亩。法物有香塑佛像十八尊，马一匹，香悬山一份，木抱柱对五副，鱼缸瓦一个，锡海灯一支，布扁幡四份，瓷香炉一个。以及坐落北郊二分署会中庵村五十五号的兴隆会众禅林，建于清乾隆年，宣统三年（1911）重修，属公建，面积约三亩七分七厘，房屋十六间，庙内法物有泥像三十位。从各个兴隆寺记载得出结论，兴隆寺为佛教禅宗寺庙。

修缮前的兴隆寺

◆ 寺庙修缮利用

南湖渠村历史悠久，早在明代就已成村。村中曾有清道光年间，门牌号为南湖渠十号，属合村修建的七圣庵，面积连同庙外余地南北二十四丈四尺，东西十七丈余，房殿十三间；附属房屋庙外龙王庙一座，供奉财神、关公、山神、二郎、青苗、土地各一尊，站童十尊，娘娘三尊，王张妈各一尊，韦驮一尊，千手佛等，土马两匹，另有石碑两座。位于南湖渠一百七十五号，清光绪十七年（1891）合村重修的龙王庙，面积南北长四丈一尺，东西宽四丈，瓦房四间，供奉有龙王、青苗、财神、土地、山神土像各一位，站童土像四位。坐落南湖渠二十号，建于民国十一年（1922），属公建的娘娘庙，面积东西宽七丈八尺，南北长十一丈八尺，南殿三间，东禅堂三间，韦驮殿一间，供奉娘娘三尊，王奶奶一尊，站童十三尊，马一匹，韦驮神一尊，尊财神、关公、山神、二郎、青苗、土地各一尊，站童十尊，石碑一座。

延寿寺与十方诸佛宝塔

在市级文物保护单位十方诸佛宝塔所在的王四营郊野公园，延寿寺遗址散落着众多碑座、残碑、柱础、石构件，在墙南侧马房寺村中有砌于院墙上的延寿寺龟趺。十方诸佛宝塔北侧立着大明嘉靖丙辰季（1556）尚衣监太监薛铭等立石的《重修古刹延寿寺十方诸佛宝塔碑铭》；万历元年（1573）八月二十日立，赐进士第光禄大夫柱国少师兼太子太师吏部尚书侍经筵食正一品俸杨博撰的《重修延寿寺碑记》；嘉靖二十九年（1550），赐进士第兵科都给事中俞鸾撰的《明故翠峰禅师碑文》。十方诸佛宝塔南侧立着碑额"德种金田"、碑文为"宫眷人等"和碑额"名题宝地"、碑文刻有"钦差总督东厂官校办事，乾清宫带管事提督两司房司礼监掌事兼掌御用监印太监冯保"的两通碑。前几年好心的王四营地区办事处为保护古塔重新立了五通石碑，考虑行走路线便让碑阳朝北、碑阴朝南，今天看来属外行之为。

杨博（1509—1574），字惟约，明代蒲州普救里人（今山西永济西厢村）。杨博于嘉靖五年（1526）中举，嘉靖八年（1529）进士及第。隆庆六年（1572）五月，穆宗中风亡，太子年幼，杨博同徐阶抱太子登基，杨博改任吏部尚书加少师兼太子太师。万历元年（1573）九月，杨博因病致仕回家。次年八月卒。

冯保，字永亭，号双林，衡水赵家圈乡冯家村人，嘉靖年间入宫，善琴能书，隆庆初年掌管东厂兼理御马监。万历皇帝即位，升司礼秉笔太监，得"朱批"权，替皇帝处理军国大事。时万历皇帝10岁，冯保协理李太后负责小皇帝教育，万历皇帝称冯保为"大伴"。冯保与首辅张居正交厚，支持张居正推行"一条鞭"法。隆庆元年（1567），冯保晋升为秉笔太监。万历六年（1578），冯保在《清明上河图》后面题跋，称自己是"钦差总督东厂官校办事兼掌御用干事司礼监太监"。万历十年（1582），张居正积劳成疾，死于任上，冯保被囚并死于监中。

◆ 寺庙修缮利用

　　十方诸佛宝塔高约 30 米，八角九级密檐式砖塔，塔座高约 2 米，拱形门洞，上方题额"十方诸佛宝塔"。十方诸佛宝塔修于嘉靖乙巳岁（1545）季春，修建人为当时延寿寺住持翠峰禅师（1468—1549），时名"十方诸佛普同之宝塔"，塔形"檐层九，中通八围"，功用为"内安请佛罗汉像，内下有藏真之穴圹，以盛不朽之坚固，或藏衣钵之爪发齿牙，迁化有德者，咸有所依附焉"。翠峰禅师圆寂后卜葬于普通塔后数丈。

十方诸佛宝塔　　　　　　　　　　绿化后的延寿寺遗址

　　万历初延寿寺重修时，皇太后"发心施舍银一千五百两，暨宫眷人等陆续施银一千两，俱命近侍官王喜董其事，重修宝刹重整余容"，"山门一座，天王殿一座，钟鼓楼二座，藏经殿五间，内新印藏经。全水陆殿五间，新造水陆。全方丈房三间，禅房十间，接待僧房三间。凡供设器靡一不具。芝房柱殿尽善尽美；宝阁琼台美轮美奂"。延寿寺毁于清末侵华的八国联军。

清河营娘娘庙再现辉煌

清河营润泽庄苑，绿树掩映下的别墅区已难寻清河营村旧影。感叹风景这边独好的同时，回忆起奥运前夕取舍清河营娘娘庙残垣断壁时决断修缮的英明。清河营娘娘庙可谓以开发带动文物保护的一个成功范例。作为亲历者，笔者见证了清河营村和娘娘庙的变迁，慨然撰写碑记。

清河营娘娘庙重修记

碧霞元君之名号，盖以岱居木位，其色唯碧，而东方主生，一本乎坤元之滋生万物，故有"元君"之称。天仙圣母俗谓娘娘，久道功成，法身于泰岱，慈光普遍，恩泽于群黎，故立像建庙比比相望，凡贵家巨族穷巷僻壤男女老幼，无不斋诚而焚香祷祈者络绎不绝，非一朝一夕之故矣。

京城北郊清河营村旧有娘娘庙一座。清河源自玉泉山，蜿蜒东流；清河居落可溯于元代，清河营称村也在有清之前，娘娘庙内所立乾隆年间大兴县正堂禁约事碑，乃明证也。是庙规模宏远历年久矣，风雨损坏，殿宇渗漏，遗留东西配殿外尽皆坍塌，砖瓦不全，檐柱烂朽，门窗全无，神像佚失，路人嗟叹！幸有润泽庄苑秉承清河营村文脉，北京润泽庄苑房地产开发有限公司慨然出资一千五百万元落架修缮东西配殿，复建娘娘殿、菩萨殿、山门殿、钟鼓二楼，环之以墙垣，门前再起影壁，庙貌焕然一新。殿宇墙垣庄严齐整，以壮仙国之威而增间阎之瑞。

伊古以来建庙观者必勒以碑，盖以示万古不可磨灭者焉。夫善事之兴也，莫为之前，虽美不彰；莫为之后，虽盛弗传。今人为昔人唯其善而传其美，仍欲后人永其传而追其盛也。

国保东岳庙大小知多少

2009年8月21日，朝外大街东岳庙。在测量主要殿宇经纬度后，开始测算占地面积和古建面积。

全国重点文物保护单位北京东岳庙现占地35801平方米，古建11586平方米，是道教华北地区现存最大的正一派道观，素以"碑多、神像多、楹联匾额多"三多著称于世。从2002年起，随着占地7853平方米、古建2290平方米的东岳庙西廊陆续修缮完毕，民间俗神信仰体系中的药王殿、鲁班殿、鲁祖殿、马王殿、月老殿、火祖殿、仓神殿、海神殿、瘟癀殿、玉皇殿、斗母殿、岳帅殿、丰都殿、眼光宝殿、延寿宝殿、显化殿、观音殿、自治公所、森罗宝殿、判官殿、三官殿、东岳宝殿、灵济先祠等33个殿座将陆续开放，引起民俗界、宗教界和社会人士的广泛关注。2008年初，东岳庙被批准为道教活动场所，10余名道士陆续入住，原朝阳区下三条小学占地5215平方米、古建1203平方米、民国建筑约150平方米的东岳庙东廊和后院也由朝阳区教委交付东岳庙管理处管理。2008年9月，北京市财政拨付1129万元对伏魔之殿、文昌阁、魁星阁、行宫、义学、民国警察署和尚属安全三局的占地2385平方米、古建106.74平方米的娘娘殿等14个殿座进行修葺，东岳庙将继明清之后再现道教信仰辉煌。

据咸丰三年（1853）东岳庙《地界碑》记述东岳庙："正统十二年立……界址……（长）七十一丈，广四十五丈，此系前明庙址。（今界址）南垣墙一道计长二十八丈紧靠大街，北面墙垣一道长二十八丈紧靠后街，东面墙垣一道计长七十五丈二尺，西面墙垣一道计长八十二丈五尺。又将房屋间数开后，中路六层计殿宇房屋二百三十六间；东廊一带计殿宇房屋一百一十七间；东廊北边另有义学一所计房屋三十六间，门在后街；西廊一带计殿宇房屋二百二十间；以上四处共

赵孟頫《张公碑》　　　　　　　东岳庙

殿宇房屋六百零九间。东廊西廊及义学等处均系官地，其房屋均系募缘修理，管理公事之人不得占为私业。"以明清时期的尺丈折算成今天的平方米，东岳庙在正统十二年（1447）占地面积为37151.78平方米，在咸丰三年（1853）占地面积为26813.731平方米。按东岳庙现存面积35801平方米看，当560年前的明正统时期东岳庙就已达到如今规模，而今天的东岳庙东、西两廊古建群虽在正统时期尚未成形，但占地面积明白无误地告诉我们，后称为东岳庙东、西廊所在地为东岳庙所有的官地，故有后来依附东岳庙建立民间俗神体系的可能。东岳庙碑刻材料中，最早于康熙十九年（1680）菊月上浣之吉立《添设粥厂碑》首次提到"饥民……住宿东岳西廊两月"，说明清初西廊雏形已成。从康熙五十九年（1720）所立《老悬灯会碑记》记述玉皇殿住持关尚任、京都朝阳门内东四牌楼马市众善弟子所立《马王庙在会众信奉祀碑记》、乾隆五年（1740）《盘香会碑记》碑阴记述"东廊关帝殿住持吴成懋"、乾隆十四年（1749）东四牌楼驴行弟子《马王圣会碑》"故年例，秉心于东岳庙西廊三皇殿内马明王圣前……重修"、乾隆二十九年（1764）京都羊行元宝老会众善弟子《羊行老会碑记》、道光十六年（1836）《重建斗坛延寿殿碑》"西廊内斗坛延寿殿、火祖殿日渐倾圮，住持

◆ 寺庙修缮利用

等发愿重修,又此院内住持等发愿修立海神、仓神左右配殿。谓此斗母主消灾,火神永护平安,海神通于津淀,仓神保于粮储。……仓神殿东西客堂建立",道光十八年(1838)德盛木厂、复兴木厂、通和砖窑、兴泰米局、福泰粮店、万源翠局、天一银楼、永兴号、公兴轿铺、乾裕粮店、鼎茂酱房、日盛轩等众善人所立《海神殿山门平台碑》,证明明末清初,随着东岳庙民间信仰地位的提高,除中路被皇家保留为东岳大帝信仰体系外,将西廊、东廊开辟为民间诸神信仰福地。至迟到咸丰初年,东岳庙作为官庙已不再将东、西廊包括在内。

古貌新颜的太清观

大屯地区黄草湾公园，迁建后的太清观隐藏在茂密的杨树林中，西隔北小河与四清集团车辆停车场内修缮一新的关帝庙遥相呼应。

1928年北平特别市寺庙登记和1936年第一次市寺庙总登记：太清观坐落于北郊二分署界内大屯村九十一号，建立年代失考，乾隆年重修，光绪十三年（1887）又重修，属合村公建。本庙面积四亩五分五厘，瓦房二十七间，土房五间，山门一座，旁门东、西二座。庙内法物有玉皇，真武，站童四位，龟蛇两位，四大师站像，药王，三清，三官，鲁班，站童四位，娘娘三尊，站童两位，关圣一尊，站童两位，均泥像，木供桌一张，泥皮香炉五个，烛扦五对，花瓶两对，铁香炉四个，烛扦两对，铁磬五口，大铁钟一口，铁香池一架，另有石碑四座，黄柏树一棵，三春柳树两棵，杏树四棵，丁香树两棵，榆树十一棵，庙外石狮子一对，槐树五棵，庙内槐树四棵，伐倒红柏树一棵。

太清观供奉的主神是太上老君，也称道德天尊，就是老子。老子姓李名耳，他生来就是满头白发，故号为老子。道经说，道之源出于老子，先天地而生，上为神王之宗，下为飞仙之主。他以无上智慧写下五千字的《道德经》。历史上无论兵家、法家、纵横家，还是武侠击技家、星相卜筮家，都在《道德经》里寻根探源，找到了自己的理论根基和行为准则。道教把《道德经》奉为圣典，对"道"与"德"的概念范畴从宗教角度加以阐扬，形成了自己的神学原理，并在此基础上派生、演绎出教理教义。经过道教徒长期的多方面的神化增饰，老子从一个人、一个哲学家而被推崇为创世纪的宇宙至尊天神。

大屯太清观在1984年3月被文物主管部门公布为朝阳区暂保单位，当时由大屯中心小学使用，仅存前殿三间、带东西耳房的后殿三间，两座大殿均是硬山筒瓦过垄脊建筑样式。因为大屯村拆迁上楼、中心小学被合并而弃用太清观，残破的庙宇、脏乱的环境与曾经的净土佳域形成强烈反差。区文物部门多次协调华汇房地产开发公司，要求其依法合理修缮大屯太清观。本着寺庙永久性、地标性、景观性的特点，几经调整规划，最终商定太清观迁至附近的黄草湾公园。

新中国成立前，北京另有坐落于外五区南下洼太清观一号的太清观一座，建于明朝，属私建，不动产土地五亩余，房屋五十一间，庙内法物有神像三十九尊，礼器九件。如今这座太清观早已荡然无存，偌大的京城只剩大屯太清观这座唯一以老子为主神的历史文化遗产了，其珍贵程度可想而知。

京城唯一有据可查神名的东坝娘娘庙

东坝历史悠久，东汉时期为渔阳郡属县安乐故城，晋属燕国，北魏太平真君七年（446）废入潞县，元代延祐三年（1316）阜通河即今天坝河七座坝闸之一的郑村坝，明万历二十一年（1593）始有"东坝"之称并沿用至今，清刘锡信《潞城考古录》载："通州西北二十里，有安德乡，地名坝上，通人称曰北坝，都人称曰东坝，即郑村坝也。"东坝镇据1928年北平特别市寺庙登记，东郊区署第一分署，娘娘庙街四十二号的天仙宫，明万历年公建，清乾隆年、光绪年合村重修，民国十七年（1928）重修；东坝香儿胡同六号，建立年代失考，明万历年重修，属公建的关帝庙；东坝镇西栅栏外路北四号，建立年代失考，明天启四年（1624）重修，属公建的另一座关帝庙。镇中至今仍存遗址被列入朝阳区文物保护单位的如三岔河汉墓群、明代白衣庵、明代马神庙、明代魏忠贤普惠生祠碑、清代乾隆皇帝三公主固伦和敬公主坟等，东坝镇周边板桥明代关帝庙、单店清代真武庙、驹子房清代一等公费扬古墓等古文化遗产，也很有名。古镇老街仍有明清风貌，沿街门楼、石碾、石磨、石雕商号随处可见。

1928年北平特别市寺庙登记时的天仙宫，即东坝娘娘庙，今天早已被改作东坝中心小学，主殿除瓦换成板瓦外主体未做改动，院内四棵古槐、一棵古柏以及雕刻精致的狮座、夹杆石等，表明乾隆年间娘娘庙的辉煌。最为可贵的是，登记资料记载：天仙宫，本庙面积东西十二丈，南北三十二丈，房六十一间。庙内法物有四神殿，马、赵、温、刘四率站像，中院大殿天仙送子眼光娘娘三位，站童十四位，站像灵官一位，东殿火神、药王、药圣、灶君、财神、站童六位，西殿龙王、岳王、青苗、城隍、土地、站童六位，后殿金花斗母、送生引、蒙水引、瘢疹催生、圣母、娘娘座像、站童六位，以上均泥塑，铁香炉四个，铁香鼎两个，木五供十二个，铁香池两个，木香烛四对，铁磬两个，木香炉四个,铁钟一口,三官经三部,另有石碑四座,石狮一对,松柳树十四棵,水井一眼,旗杆一对。

"面积东西十二丈,南北三十二丈,房六十一间"的东坝娘娘庙,占地面积达到4267平方米。"四神殿"当然就是山门殿了,"马赵温刘四率站像",马是指马元帅,又名马天君,又称华光天王、华光大帝;赵元帅即武财神赵公明,又名赵玄坛;温元帅是指温琼,东岳大帝部将;刘元帅乃笔误,应当为关元帅,即关羽。中院大殿为娘娘庙主殿,供奉天仙、送子、眼光娘娘三位主神,站像灵官一位是指王灵官,应立于神龛墙壁之后护法。中院东配殿供奉火神、药王、药圣、灶君、财神、站童六位,西配殿供奉龙王、岳王、青苗、城隍、土地、站童六位。后殿金花斗母、送生引、蒙水引、瘢疹催生、圣母、娘娘座像、站像六位。在"房六十一间"之中,肯定有未立神像的三进院东、西配殿及道人宿舍。铁香炉四个当为娘娘庙主殿、东配殿、西配殿、后殿烧香所用。铁钟一口说明该庙有钟鼓二楼。三官经三部暗示东坝娘娘庙建有藏经殿或藏经阁。

敕建天仙宫碑

北京地区至今仍存供奉碧霞元君的妙峰山"金顶","五顶"中的北顶、西顶、南顶，民间所谓的碧霞元君行宫更多，仅朝阳区便有清河营娘娘庙、来广营娘娘庙、北顶娘娘庙、北湖渠娘娘庙等。在恢复传统文化过程中，文物工作者深为神殿名称、神像名称所困扰，而今发现的东坝娘娘庙珍贵历史资料，无疑为碧霞元君庙的恢复和利用提供了有力佐证。

绿树丛中的来广营关帝庙

王府王坟抢修

后迁朝阳的顺承郡王府

北京市重点文物保护单位顺承郡王府位于朝阳公园东南角,高大雄伟的古建群,不由得让人感叹清朝开国"八大铁帽子王"之一顺承郡王的权势。顺承郡王府原位于西城区旧赵登禹路三十二号,锦什坊街东侧,太平桥大街路西,南临武定胡同,北达大麻线胡同,占地四十余亩,合26600多平方米。布局自外垣以内分三路,中路是主要建筑,和其他王府形制一样前殿后寝,依次是府门、二门、翼楼、银安殿、寝殿、后罩楼等;西路和东路,各分别由不同的大小院落组成。民国六年(1917)讷勒赫去世,其子文葵仍被已失帝位的溥仪封为顺承郡王,但家境远不如前,1921年不得已将王府卖给入据北京的张作霖,成为大帅府。1949年后,为中国人民政治协商会议常设机构的办公地点,于王府正门外建起政协礼堂。20世纪末,全国政协礼堂修建新楼,将顺承郡王府易地搬迁到了朝阳区朝阳公园东侧,这也是北京的铁帽子王府第一次整体异地复建。重建后改成郡王府,建郡王府饭店,在门前朝阳公园南路路北新建三间四柱牌楼一座。主体建筑分为中、东、西路,中路主要建筑基本保持完整,东路前后院保存原有格局。迁至新址后按编号重建,保持大帅府时原貌,建筑面积4424平方米,新增建筑3836平方米,占地65亩,重建总投资6500万元。

顺承郡王府的第一位主人勒克德浑,其祖乃努尔哈赤的第二子礼亲王代善,其父为代善的第三子颖亲王萨哈廉(亦写作萨哈璘)。礼亲王代善八个儿子七个受封爵,清初八个世袭罔替的铁帽子王中,他和他的子孙占了三个(礼亲王、克勤郡王和顺承郡王)。勒克德浑顺治元年(1644)封贝勒,顺治五年(1648)以平定南明政权、招降李自成余部的功绩晋封顺承郡王,赏赐府邸,成为清朝开国"八大铁帽子王"之一,获得了世袭罔替殊荣。因其家族属于正红旗管辖,即于正红旗的辖地内兴建王府,到民国十年(1921),勒克德浑及其子孙在这片宅子里居住了270余年。顺承郡王府独特之处在于清朝270余年间传承稳定，王府建筑格局基本没有大变动；一般王府东、西阿斯门白天只开一扇，顺承郡王府两扇全开，容许百姓人等步行通过，故也被称为"穿堂门"；别的王府门前都有两座大石狮子，而顺承郡王府大门前没有石狮子；一般王府建筑中路没有树木，尤其不能有大树，而顺承郡王府的东、西翼楼前，各有两棵高大的楸树，并以四株高大的楸树最为著名。

美轮美奂的顺承郡王府，它的第一任主人勒克德浑在里面居住的时间却并不多，真正住在王府的时间也就两年，其第四子袭爵。至宣统三年（1911）大清帝国灭亡，这267年间，顺承郡王世爵共传十世十五王，其中三人被夺爵。顺承郡王府换了十五个主人，依次是：勒克德浑、勒尔锦、勒尔贝、廷奇、充保、穆布巴、诺罗布、锡保、熙良、泰斐英阿、恒昌、伦柱、春山、庆恩、讷勒赫。

顺承郡王家族园寝，在房山区西甘池村葬有11代顺承王，即勒克德浑、勒尔锦、勒尔贝、延奇、充保、忠郡王诺罗布、慎郡王恒昌、简郡王伦柱、勤郡王春山、敏郡王庆恩、质郡王讷勒赫。在房山区二龙岗葬有3代顺承王，即锡保、恪郡王熙良、恭郡王泰斐英阿。最后一位承袭者爱新觉罗·文葵没有入葬顺承王家族园寝。如今仅剩下4座宝顶，4通驮龙碑。

| 郡王府府门 | 银安殿与翼楼 |

借修慈禧陵之名盗建的张翼祠堂

张翼祠堂位于京东朝阳区豆各庄地区办事处豆各庄村内，为坐北朝南两进四合院式建筑，占地1700平方米，建筑面积700平方米。由南向北依次是影壁；金柱大门左右为倒座值房；门前左右置汉白玉上马石一对；大门左、右各设随墙旁门；一进院、二进院格局相同均为正殿五间及东西配殿各三间，磨砖对缝，硬山筒瓦，正殿前出廊。祠堂大门是仿新华门样式建造的倒座房三间，大式硬山筒瓦箍头脊，苏式彩画带雀替，内、外各有六级五步台阶，明显超出张翼当时的地位品级。门前原有影壁一座，雕有葡萄、松鼠、百子图等精美砖雕，据说其造价相当于整个院落的成本，由此可知影壁的精美程度，可惜在"文革"中毁坏无存。四周院墙墙砖都是仿城墙砖烧制的。院墙外为坟地，原占地1万多平方米。祠堂西侧院原为关帝庙、东侧原为阳宅。

张翼祠堂以砖雕精致而著称，可谓砖雕艺术博物馆，在影壁、门楼、墀头、博缝头、屋脊、廊心墙、吞脊、柱顶石外墙透空、院墙等部位，雕有花鸟、瑞兽、灵草、典故、诗文、博古、戏初、人物、山水、如意以及佛、道吉祥图案等，使张翼祠堂锦上添花，雕刻的手法有平雕、浮雕、堆塑雕、镂空雕。雕刻的步骤有画、耕、钉窟窿、镖、齐口、捅道、磨、上药、拼装、打点等10余道工序。当时负责修建慈禧陵墓的晚清工部右侍郎张翼，利用手中特权，以慈禧陵"边角料"的名义为自己修建了可与慈禧陵工艺媲美的生祠。传说，消息传至朝廷，朝野哗然，多亏张翼上下打点才将此事平息。

张翼，字燕谋，亦字彦谟，生于咸丰二年（1852），卒于民国四年（1915），享年63岁。张氏家族世居通州之西乡，至今仍有后代居住于此地。张翼性格开朗，知恩必报，7岁丧父由母抚养成人，因产薄不足以活，12岁母亲便监督学习商贩事宜，不敢姑息懈怠终有显达。得于天赋，身材高大超过7尺，自幼好管乡里不平之事，到成年孤贫失学，对于母亲，张翼敬孝终生，遵母命常立义庄义仓，到壮年跟随太常寺卿方华卿先生学习，求正学慨然有志于天下，遂由武起家，为王公贵族相倚重，曾为清工部右侍郎，开平矿务局督办，总办路矿大臣。张翼是清末民国时期著名的文物收藏家，爱好文玩古籍、书画，精于辨伪，收藏的古玩多是稀世珍宝，收藏品中尤以宋代著名画家范宽的杰作《雪景寒林图》可称其中之绝品。

张翼祠堂

张翼祠堂砖雕

1986年5月，张翼祠堂被北京市朝阳区人民政府公布为区级重点文物保护单位。1998年，朝阳区投资150万元对主体建筑进行修缮；2005年朝阳区豆各庄地区办事处投资100余万元铺装地面、改造门前广场，设立豆各庄地区文化站，并对外开放。

肃慎亲王敬敏墓

王四营乡白鹿司道口村，东五环五方桥东北角，修缮后的肃慎亲王敬敏墓古建群，端庄静穆。道口村原名小井村，清初更名庄头村，后因该村地处由肃慎亲王敬敏墓通往万子营的肃属亲王华丰墓的大道口，更名道口。

肃亲王，为清初"八大铁帽子王"之一家。所谓"铁帽子王"，就是允许世袭罔替，即代代以亲王爵承袭，不类他王世降一等之制度，可谓有清一代诸王中之尊贵者。铁帽子王多为清初设立（后又立怡、醇、恭、庆四家）。和硕肃亲王豪格太宗长子。初封贝勒，天聪六年（1632）六月晋和硕贝勒，崇德元年（1636）四月晋肃亲王，寻坐党岳托漏上言有怨心，降贝勒，二年（1637）复封肃亲王，六年（1641）缘事降郡王，七年（1642）以功复封肃亲王，顺治元年（1644）四月以语侵睿亲王多尔衮为人所讦，削爵，十月仍复原封，五年（1648）二月坐徇隐部将冒功及擢用罪人弟，革爵幽禁，三月自尽，八年（1651）正月，以无辜被害，追封肃亲王，十三年（1656）追谥"武"，乾隆四十三年（1778），以佐命殊功，配享太庙。

肃亲王历九代十王，承序为豪格：太宗长子，和硕肃武亲王；富绶：豪格子，和硕显懿亲王（改号显）；丹臻：富绶子，和硕显密亲王；衍璜：丹臻子，和硕显谨亲王；蕴著：富绶孙，和硕肃勤亲王（复号肃）；永锡：丹臻孙，和硕肃恭亲王；敬敏：永锡子，和硕肃慎亲王；华丰：敬敏子，和硕肃恪亲王；隆勤：华丰子，和硕肃良亲王；善耆：隆勤子，和硕肃忠亲王。

朝阳区潘家园地区架松小学一带，葬有肃武亲王豪格、显懿亲王富绶、温良郡王猛峨、显谨亲王衍璜、肃忠亲王善耆。十八里店地区十八里店村葬有肃恭亲王永锡，陈家村葬有肃良亲王隆勤；黑庄户地区万子营村葬有肃恪亲王华丰。至今保存较为完好的只有显谨亲王衍璜墓古建群和肃慎亲王敬敏墓古建群了。衍璜墓东、西配房，敬敏墓碑楼、东西配房、宫门、享殿，都是北京市财政出资修缮，动工于2008年10月，竣工于2009年11月。

肃慎亲王敬敏为肃恭亲王永锡长子，是第六代，第七位肃亲王。他生于乾隆三十八年（1773）十二月二十三日，乾隆六十年（1795）封不入八分辅国公，授散秩大臣。道光元年（1821）十一月袭肃亲王。而后做过正蓝旗、镶蓝旗蒙都统和正蓝旗满洲都统。担任过正白旗觉罗学总管、内大臣、阅兵大臣、宗人府左宗正、宗令，管理宗人府银库，充玉牒馆总裁。咸丰二年（1852）九月二十七日薨，年80岁，谥曰慎，是宗室诸王中的寿星。敬敏有嫡福晋、继福晋各一人，侧福晋两人，妾一人，生子五人。该墓于1940年遭盗掘，经肃中亲王善耆第十五子宪容多方努力得以保存。敬敏第三子为肃恪亲王华丰。华丰墓位于黑庄户乡万子营村，今遗迹全无。

富绶墓石享殿

肃慎亲王敬敏墓建成于咸丰六年（1856），坐北朝南，现存东、西朝房各三间，宫门和享殿均为三间及部分墓墙。碑楼内有螭首龟趺石碑一座，雕凿十分精致。侧门砖雕精美，东边门券砖雕底部刻有"咸丰""六年""四月造"字样，证明御制碑楼的完工时间不会早于咸丰六年四月。可惜的是墓室曾于民国年间被盗，月台和宝顶毁于破"四旧"时期。2004年柏阳小区修路时，破败的停尸房三间古建被拆毁。朝阳区文物部门于 2009 年后陆续抢险修缮、环境整治，现为北京民俗博物馆管理使用。

敬敏墓宫门、享殿

通惠河北岸松公坟村佛手公主坟

2005年6月7日晚，在朝阳区通惠河北路原松公坟村俗称佛手公主坟石牌坊的施工现场，挖出一件汉白玉翁仲武将，北京市文物研究所立即抢救性挖掘，后陆续挖出汉白玉质翁仲文官、折断的石马和《和硕额驸福隆安墓碑》。朝阳区文物管理部门及时将这批珍贵的石刻搬运至高碑店文物库房，现妥善保护在科举匾额博物馆。

据资料记载，佛手公主坟占地一顷多，荒废地居多。公主坟紧挨着通惠河，有石狮、石人、石马、石獬、擎天柱各一对，三间四柱石牌坊一座。顺着甬路北行，由南向北依次为火焰牌楼、华表、石像生、碑亭、东西朝房、宫门及其前石狮、享殿、琉璃花门、石台五供及宝顶。公主坟墙内外种植大量松柏树，郁郁葱葱。由于公主的丈夫——额驸一等忠勇公福隆安是乾隆朝最显赫的富察氏家族成员，所以整个公主坟规模十分庞大，可谓"京东第一公主坟"！有石驳岸、神桥，过桥有碑楼，内立高近4米的谕祭碑。碑楼不远有东、西朝房，宫门三间，门外有八字照壁与红墙相接。进宫门是享殿五间，享殿后是个独立的院落，中间有琉璃门一座。院内石五供后有砖砌抹灰宝顶一座，下设须弥座。墙圈东、西有外圈各一，均有宝顶坟。

公主为乾隆第四女，生于乾隆十年（1745）十二月初二，二十五年（1760）正月封和硕和嘉公主，三月下嫁福隆安；三十二年（1767）九月初七薨，年仅23岁。福隆安，字珊林，满洲镶黄旗人，沙济富察氏，乾隆皇帝孝贤纯皇后之侄，一等忠勇公大学士傅恒之子。乾隆二十五年三月娶乾隆帝四女和硕和嘉公主，授和硕额驸、御前侍卫；三十三年（1768）二月由銮仪卫大臣授兵部尚书、军机处行走，四月移工部尚书；三十四年（1769）正月署理藩院尚书，十一月兼步兵统领；三十五年（1770）袭一等忠勇公爵；三十八年（1773）四月，加太子太保；四十一年（1776）正月改兵部尚书，仍领工部；四十九年（1784）

三月二十四日卒，享年39岁。由于公主手指之间有蹼相连，呈佛手状，俗称佛手公主，"和嘉公主"反倒没人提起了。

缺少了火焰珠和蹲犼的牌楼保存基本完好，明柱上有乾隆御笔对联，北面横额"金枝毓德"，联曰"凤杳丹霄肃雍昭典册"，"翚骞碧落灵秀巩封阡"；而石牌坊南面即正面横额"银汉分光"，联曰"马鬣景鸿仪心弛霜露"，"龙光垂燕翼气协风云"，因目前空间狭窄不可能欣赏到。令人想不到的是佛手公主坟石牌楼已成为北京现存唯一一座公主坟牌坊。公主坟在1938年被盗，1940年福隆安后人又将坟地上的大量松柏树木砍伐卖掉，至新中国成立前公主坟已经破乱不堪！1958年文物普查时石雕群、华表、石牌坊、驮龙碑、石供桌、宝顶等还残存。"文革"时期更是遭遇灭顶之灾，地面建筑除石牌坊外全部被毁，大量精美石刻被砸并埋入地下。地宫也被文物部门将口用白灰封死！随着老一辈人的离去，曾有"京东第一公主坟"的佛手公主坟逐渐淡出人们的记忆！

和嘉公主坟西北是公主府的第二块坟地，圆形红墙，有两方驮龙碑，满、汉文各一，厅房三间，大宝顶一座，这块坟地就是福隆安之子丰绅济伦墓。丰绅济伦，亦称丰伸济伦，系和硕和嘉公主所生，视和硕额驸品秩，授镶蓝旗汉军副都统、奉宸苑卿。乾隆四十九年（1784）袭一等忠勇公爵。历正白旗蒙古副都统兼管光禄寺事务、镶白旗满洲副都统、正红旗护军统领、上驷院卿、正红旗满洲副都统。嘉庆五年（1800）八月，改总管内务府大臣兼镶红旗汉军都统。六年（1801）正月，调正蓝旗满洲都统；二月，迁兵部尚书，领銮仪卫，充会典馆副总裁官；七月四日，充武英殿总裁官。八年（1803）闰二月，革职留用。后虽起用又于十一年（1806）五月"以面试步射无力将弓拽满，着自备资斧前往盛京操劳训练"；八月，授盛京兵部侍郎。十二年（1807）二月，卒，享年45岁。

史料记载，康熙四十三年（1704）和罗理的儿子阿宝已经长大成人，英俊有为，康熙皇帝便将鹅掌公主下嫁于他，晋封为额驸。康熙的子女中有一位手指间有蹼膜相连的"鹅掌公主"，而乾隆皇帝第四女和硕和嘉公主又是蹼膜相连的"佛手公主"，说明这种手间长蹼的残疾极有可能是近亲结婚的结果。

一等忠勇公傅恒府第位于如今的沙滩北街嵩祝寺前街东路，西阿斯门正对着马神庙西口。傅恒次子福隆安与"佛手公主"居四公主府（今高等教育出版社）。三子福康安居东四二条贝子府，和硕和嘉公主府第位于景山东侧的马神庙（即景山东街，今为沙滩后街），俗称四公主府。公主府东、西两侧均有府夹道，

Jackson, William Henry（1843—1942）于 1895 年拍摄的公主坟

Jackson, William Henry 于 1895 年拍摄的牌楼

佛手公主坟牌坊、文翁仲、武翁仲

和硕额驸福隆安碑

府北为高房胡同（疑似仅东高房胡同），府墙高一丈二尺，厚有四五尺，东西宽四十丈，南北长六十丈，有房三百数十间。又因清朝末期四公主府改建为京师大学堂，因此府夹道被当地居民称为"大学夹道"，此名称沿用至今。和硕和嘉公主亡故后，由于额驸福隆安、丰绅济伦、富勒浑凝珠他们承袭的是大学士傅恒"一等忠勇公"的爵位，因此四公主府即被内务府收回，而他们则名正言顺地回到了一等忠勇公府。据《道咸以来朝野杂记》记载，赐予乾隆十四年（1749）

的一等忠勇公府第"面积之广，建筑之壮丽，当年为北京第宅之冠"。《清宫词》中"独有沁园今阒寂，马神庙外马缨花"就是针对四公主府而言的。

明嘉靖六年（1527），御史吴仲请修通惠河，历时三个月方告成功，皇帝上舟观之，"廛居夹岸二十里，柳垂垂蘸河，漕舟上下达"，大学士张璁等联句以闻，《侍上泛通惠河，同官联句》"落日秋风好放舟，已过三闸顺安流。恩沾赐宴流琼液，老愧忘机问白鸥。远饷繇来归水国，上游从此重神州。观风不是耽盘乐，莫迓年华两度游"，皇帝大悦。而清代佛手公主坟的风光，从《老北京网》刊登的清末1895年洋人留下的佛手公主坟老照片可以看出，具有浓重异国风调的佛手公主坟，曾经吸引了多少好奇的目光。丰绅济伦墓东边，是最后一位一等公松颐的墓地，也是福隆安家族墓的第三块坟地，现存一通满文驮龙碑及一个碑座，汉文碑已不知去向。松颐墓被后人俗称松公坟，松公坟村最终取代了佛手公主坟。

架松小区边角地中的显谨亲王衍璜墓

肃王坟位于潘家园街道办事处潘家园东里小区一带。5000余平方米的显谨亲王衍璜墓园内杂乱地居住着北京军区空军三大队近200户居民。早在奥运会之前就已被列入"边角地"拆迁范围，迟至今日棚户林立无从落脚，可见拆迁工作之难。文物古建公司在街道的有力配合下正在搭架抢险修缮东、西配殿。东配殿80余平方米住着三户人家，两边山墙又被两户占用，而西配殿后檐下被居民严严实实地接出临时用房，使修缮工作难上加难。

显谨亲王衍璜墓，1986年公布为朝阳区区级文物保护单位，现存地上古建有东、西朝房各三间，享殿五间。享殿为大式歇山顶，屋面覆绿琉璃瓦顶，前带月台。殿后坟圈地宫尚存，宝顶早已被民居占领，刻有花纹的精美石构件散乱地铺在民房地基或台阶上，东西残存部分宫墙。该古建安全隐患非常严重，曾于90年代失火，由于扑救及时未造成严重后果。

显谨亲王衍璜祖上是清初八大"铁帽子王"之一，是第四代肃王是显密丹臻第六子，生于康熙三十年（1691）五月初八日，康熙四十一年（1702）八月袭和硕显亲王，雍正八年（1730）三月管理雍和宫事务，雍正十三年（1735）十二月被解除职务，到乾隆元年（1736）二月又让他管理镶白旗觉罗学，直到乾隆三十六年（1771）十二月十九日去世，享年81岁，娶嫡福晋巴林博尔济吉特氏为妻，系多罗郡王、固伦额驸乌尔衮之女，无子嗣。葬于广渠门外架松村报觉寺东侧，对曾祖肃武亲王坟而言，称之为新坟，距今已有238年历史。

显谨亲王衍璜历事康、雍、乾三朝盛世，原坟地上建筑规格完整，外有擎天柱一对，宫门三间，与红墙连接。门钉包铜，九九八十一颗。碑楼一座，内有驮龙碑两通，东、西朝房各三间，坟地四周遍植松柏，1929年被国民党军阀盗掘。日本投降后，其后人在此开办小学直至1965年。1966年架松小学迁到老坟。

包衣出身的雍正姥爷卫武墓

奥林匹克公园，原朝阳区洼里乡龙王堂村东，两通华表巍然屹立在科荟路绿隔离带中，华表北边公园边上便是清雍正帝胤禛的《外祖卫武外祖母塞和里氏碑文》碑。《外祖卫武父母碑文》《外祖卫武祖父母碑文》两通碑立在卫武墓碑之东约百米处。三座螭首龟趺满汉文碑都立于雍正六年（1728），碑文均为世宗亲撰。280年后的2008年北京奥运会，来自世界各地的运动员每天出入由卫武华表、墓碑把守的奥运村门口，成为人文奥运、人文北京的见证者。

《八旗满洲氏族通谱》卫武祖父额柏根（碑文写作额白根），正黄旗人，世居哈达地方，初来归。其长子额参，初任膳房总领，历升内大臣。太宗嘉之，授为男爵。后征山东济南府临清州，及大同等处，屡立战功。加一等都尉，任佐领。缘事削爵。额柏根长子魏武（碑文写作又作卫武，《乌雅氏族谱》写作纬武），系仁寿皇太后之父，原任护军参领。雍正元年（1723）五月壬寅，雍正谕散秩大臣兼佐领、额参之次子岳色，"皇妣向欲加恩，今仰体慈怀，着授为拜他喇布哈番，准袭一次"。雍正二年（1724）奉旨："额柏根，系本朝旧族，创业名家。在太祖高皇帝时，抚育禁庭，视同子侄。额参历事三朝，军功懋著。魏武天挺俊杰，启后承先，厚德钟灵，笃生圣母，宜加峻秩，以协彝章。将额柏根、额参、魏武，俱追一等公。一等公，世袭罔替。"魏武之子博启（又作白启），承袭一等公。

孝恭仁皇后乌雅氏，生于顺治十七年（1660），满洲正黄旗人，为护军参领卫武之女。初入宫侍康熙帝，于康熙十七年（1678）十月三十日生皇四子，即雍正帝。十八年（1679）十月十三日册为德嫔，时年20岁。十九年（1680）生皇六子胤祚。二十年（1681）十二月二十日封为德妃。二十一年（1682）生皇七女；二十二年（1683）生皇九女（固伦温宪公主）；二十五年（1686）生皇十二女；二十七年（1688）生皇十四子恂郡王胤禵。子三：世宗、允祚、允禵。

允祚六岁殇。女三：其二殇，固伦温宪公主嫁舜安颜。雍正元年（1723）五月二十二日皇太后病，雍正帝亲至永和宫，昼夜侍奉汤药；二十三日丑刻孝恭仁皇后崩，终年64岁；九月初一日，葬孝恭仁皇后于景陵。乾隆、嘉庆间累加谥，全部谥号为：孝恭宣惠温肃定裕慈纯钦穆赞天承圣仁皇后。

《清史图典》"胤禛的生母吴（乌）雅氏出身护军参领之家，原为包衣人家之后"。《八旗通志》卷4"康熙六十一年（1722）十一月十七日，奉旨将镶蓝旗包衣佐领内太后之亲族及阿萨纳佐领内太后之亲族，合编一佐领，以一等公散秩大臣舅舅伯起管理"。旨中所说太后应指雍正母孝恭，而"一等公散秩大臣舅舅伯起"正是孝恭之弟博启。因此，旨中所说"镶蓝旗包衣佐领内太后之亲族"即孝恭之亲族。由此可知，孝恭母家实为镶蓝旗包衣。《八旗满洲氏族通谱》"额参，满洲正黄旗人，姓吴雅氏，世居叶赫地方，初任布达衣大，累擢至内大臣"。雍正在为其母家颁爵的敕书中说："仁寿皇太后曾祖额布根者，本朝旧族，创业名家。太祖高皇帝时，抚育禁庭，视同子侄。"可见原为满洲镶蓝旗包衣出身的吴雅氏，在雍正继位后，姥爷卫武家族被抬入正黄旗。

外祖卫武父母碑文

朕惟谊笃吊亲爱沛天家之泽孝弘锡类用彰咸畹之休矧积庆之绵长必恩纶之光被所以眷旧德示来兹也尔额参性本公诚才称果毅荣膺世职兴朝资翊替之劳分典戎麾环卫著赳桓之烈允作亲贤之望垂垂家室之型尔瓜尔佳氏毓秀高闳作嫔华胄凤昭洲慎协璜瑶之芳仪克懋俭勤修蘋蘩之内职爰发祥于再世遂钟瑞于慈闱上体孝思丕颁懋典崇封显秩既锡命以增荣载勒丰碑更宠章之丕焕聿备褒扬之礼庶（廉？）敦优眷之怀于戏纪旗常之成绩炳耀青编表翟茀之遗芬辉煌彤管用以揭诸幽隧永贲千秋不亦休欤

雍正六年

外祖卫武祖父母碑文

朕惟恩隆外族必追溯其本源谊笃懿亲宜持宠夫爵命稽世德之并懋揭幽隧以弥光凡以示宠荣昭典礼也尔额白根矢志朴诚赋姿英迈当鸿基之始并身际风云迨丹禁之久依亲同子姓既抒诚于帷幄亦垂范于家庭尔博查氏生自名门归于

望族珮环雍肃克相夫以树勋蘋藻芬芳复宜家而衍庆历三世而钟坤德合万国以奉母仪眷怀积累之初宜备尊崇之典桓圭锡爵典翚翟而偕隆焉洌髾（髦？）培封贲丝纶而益耀芳留琬□荣及松楸于戏纪勋绩于当年犹想开先之烈播音徽于此日弥征裕后之模于以昭示来兹仪型咸畹不亦休欤

雍正六年

敕建（碑额）
外祖卫武外祖母塞和里氏碑文

朕惟崇戚畹以加恩推孝恩而锡类上溯发祥之自宠贲丝纶仰承报本之忱光垂琬琰所以昭盛典笃懿亲也尔卫武世德钟灵家声济美矢靖恭于环卫夙著贤劳彰誉望于班行弥称恭谨既荩诚而报国更整肃以齐家尔塞和里氏素习女箴克娴

2004 年修建科荟路时的华表

卫武及其祖父额白根、父额参墓碑

礼教蘋藻有懋襄之力内则勤修衍璜著式协之休中闺作范笃生慈圣实惟积庆之贻追配恩荣用严敷仁之泽爰加峻秩带砺崇封载锡宠章松彬壮色酬旧劳于已往宣嘉命于方新于戏高门启瑞介圭与象服而偕辉宝克扬芬幽壤以丰碑而增焕尚其昭垂奕叶永示眷怀不亦休欤

雍正六年

地名源流考证

北京朝阳门外大街溯源

拥有 800 多年历史的朝阳门外大街，汇聚了元代东岳庙、明代日坛和九天普化宫、清代南下坡清真寺等众多享誉中外的文物古迹，芳草地、吉市口、景升街、水门关胡同、盛管胡同、天福巷等老街旧巷，东岳庙庙会、日坛祭日、清真寺开斋节等传统节俗，可谓北京南北中轴线之外保存历史信息最多的一条古街，古都风貌守望者称之为朝阜路。朝阳门关厢是古代通惠河、朝阳门石道的交汇之地，更是朝阳区得名的发祥地。朝外大街是北京知名的商业大道，充满元明清庙市元素的历史文化基因仍在传承不息。

一　元朝齐化门外道路的形成

古代北京与东北部地区的联系，主要是东北出古北口、东出卢龙塞和东南出渝关三条交通路线。其中以出渝关的山海关大道最为方便，其次则是出卢龙塞至松亭关即东经天津蓟县、河北遵化、宽城，北至平泉县的所谓卢龙塞北路，或者是东经天津蓟县、河北玉田至卢龙县，然后北至松亭关的所谓卢龙塞南路。朝阳区的历史至少可溯源于汉代。东坝古镇始于东汉时期，距今已有 2000 多年，初时称安乐城，后来几易其名，晋时称安德乡，元延祐年间改称郑村坝，明万历年间改称东坝，沿袭至今。另有"坝上""北坝"称谓。它距朝阳门 10 余公里，堪称古都北京东郊的"门槛"，历来被人视为京东重镇，是平原地区比较少见的建有城墙的古村镇。

唐德宗建中二年（781）以后，幽州城内即由幽都、蓟县二县分治。幽都县管郭下西界，蓟县管东界。辽圣宗开泰元年（1012）改幽都府为析津府，蓟北县为析津县，幽都县为宛平县。宛平县管郭下西界，析津县管东界。其辖境自城内两分、延及东、西郊外。辽时，宋朝使节出使辽上京（内蒙古巴林左旗林东镇）、辽中京（内蒙古宁城县大明镇）路过辽南京（北京），如沈括、路振、王曾，所记述的松亭关在今河北平泉县南，出松亭关后往西到今北京有南、北两条路。北路是自松亭关向南经宽城至今河北遵化县，然后历经今天津蓟县、北京通州区而至北京。南路是自松亭关向南经青龙至今河北卢龙县，因为辽朝在这里设平州，所以这条路线又称平州路，然后由卢龙经今河北玉田、天津蓟县、北京通州区而至北京。但是，无论是南路还是北路，都属于古代卢龙塞大道。宣和七年（1125）许亢宗奉使出访金朝，其《乙巳奉使行程录》记述说当年正月出发，农历八月回到宋边关，自雄县白沟北上至涿州，再东北至良乡，过良乡30里渡卢沟河，渡河东行至燕山府（即辽南京，宋改燕山府，今北京）。

自燕山府东至潞县（今北京通州区）、三河县、蓟州（今天津蓟县）、玉田县、韩城镇（今河北丰南县西北）、清州（辽石城县，今河北开平）、滦州（今河北滦县）、望都县（今河北滦县东北）、营州、行人馆（今河北昌黎县）、润州（治今河北秦皇岛市西北）、榆关（即渝关）……幽州之地沃野千里，北限大山，重峦复障，中有五关：居庸可以行大车，通转徼；松亭、金坡、古北口只通人马，不可行车。外有十八小路兔径鸟道，只能通人，不可行马。许亢宗一行渡辽河以后东北行，经过今辽宁铁岭、吉林、四平、长春之后到达金朝黄龙府（今吉林农安），复东北渡混同江（今松花江）抵达金主驻帐之处。许亢宗这一次自今河北雄县至今北京仍是遵循过去的路线，没有变化。但是他自今北京（即北宋燕山府）北去辽东时却不是东北出古北口，而是改由平川，自今北京东经今通州区，再经今河北三河、天津蓟县、河北开平、滦县、昌黎、秦皇岛市而东出榆关，然后再经辽宁锦州、北镇而渡辽河。也就是说，他走的是出古卢龙塞的南路傍海道，亦即利用的是山海关大道。

宋使节札记曾留下望京馆、孙侯馆（孙河）的记录，地方文献也有郊亭村成村于辽代的明确记载。但是，真正有明确记载和文物遗存的朝阳区历史，还得从元朝大都建成开始，即忽必烈至元十三年（1276）。通惠河、坝河及今天的朝阳门外大街都兴起于此时。据《元史》大都路载：元大都"十一门，正南曰丽正（今正阳门北）、南之右（西）曰顺承（今宣武门北）、南之左（东）曰文明（今崇文门北），北之东曰安贞（今安定门小关），北之西曰健德（今德胜门小关），正东曰崇仁（今东直门）、东之右（南）曰齐化（今朝阳门）、东之左

（北）曰光熙（今北京东城区和平里东广熙门），正西曰和义（今西直门）、西之右（北）曰肃清（今北京海淀区学院南路西端小西门）、西之左（南）曰平则（今阜成门）二东南西三面，每面各开三门，惟北面开二门"。延祐六年（1319），张留孙在齐化门外建东岳庙，而此时东岳庙东就有"本庙东廊内有春秋圣境者，乃宋崇宁时破磔蛟古迹也，始创关圣帝君大殿三间，东西配殿六间，山门二间，此外前后空院二段，皆就荒芜，殿宇虺将成瓦砾"。泰定二年（1325），鲁国大长公主祥哥剌吉自京师归全宁，道出齐化门（今朝阳门），祈祷于大生殿，出私钱巨万以做神寝，并画东岳大帝、帝后与侍从之像。天历元年（1328），元文宗图帖睦尔即位后，遣使迎姑姑、岳母鲁国大长公主祥哥剌吉于全宁。皇后迎母于齐化门东岳仁圣宫，适后殿落成，祥哥剌吉拜祭东岳大帝后又到其神寝之所，天子乃赐神寝名曰昭德殿。岁时内廷出香币致祭。鲁国大长公主祥哥剌吉东出齐化门回驻封地内蒙古克什克腾旗，齐化门外大街路北见东岳庙，思鲁国大长公主与东岳庙均出齐鲁，故出资建后称育德殿的昭德殿，元文宗命翰林直学士虞集撰东岳仁圣宫碑文，命大司徒香沙奉宣玉音，谕中书平章政事赵世延撰昭德殿碑文，勒石以示后人永记。东岳仁圣宫祖师玄教大宗师吴全节，又请大文学家吴澄撰大都东岳仁圣宫碑文刻碑以志。此事还记述于元代大文人虞集《道园学古录》和吴澄《吴文正集》。说明元代后期，齐化门外关厢地区开始陆续建立宫观寺庙。鲁国大长公主东出齐化门祈祷东岳大帝再北走通县、喜峰口、滦平、大宁、全宁的回家路线，证明今天的朝阳路至迟在元末就已成形，而且伴随庙市相生相长。

二 明清时期的朝阳门国道

明洪武元年（1368），明军占领大都城后，为便于防守，将北城垣南缩约五里至今北京德胜门、安定门一线。因此，元大都北面的健德门、安贞门，以及东之北的光熙门和西之北的肃清门先后皆毁。明成祖永乐十七年（1419）为营建北京宫室、迁都北京，又将元大都城南垣向南展拓约二里。因此，大都城南面的丽正、顺承、文明三门亦毁，齐化、崇仁、和义、平则四门则被包筑在明北京城东西城垣之中。

顺治十二年（1655）《敕建东岳天齐仁圣大帝庙大供会碑记》"朝阳门外大

街有敕建东岳庙","旧门名曰齐化，明以示天齐生化之妙","帝出乎震东方在旦"。康熙四年（1665）《东岳大帝圣会碑记》"京师所称神州也，众神朝拱为帝藩辅理阴赞阳，各有常职以镇厥土"，"旧有齐化门朝阳关外东岳大帝行宫，为四方香火庇佑群生"，碑侧刻有"八顶进贡展翅老会"，"沿途寺庙二百六十四处"，康熙十七年（1678）《路灯老会碑记》"齐化门统丽东之道，为四乡之首"，"日出方向有东岳神庙建焉"；康熙四十五年（1706）东华门内小南城修缮圣会所立《东岳庙香会记》"东岳号曰天齐，尊为镇首，节宣寒暑，则万物顿以生成。鼓舞阴阳，则四民顺以动止"。可以得出结论，元代齐化门取意"天齐生化"，东岳庙镇京城东方，主生；明清至今齐化门改名朝阳门，又在东岳庙之南神路街建日坛，日出东方仍为主生之意。

据《北京寺庙历史资料》记载，北京解放前夕，朝外大街有德声住持的东大桥 162 号广济庵和东大桥 167 号头道行宫；东大桥 1 号管理人毛嘉本管理的土地庙；朝外大街 130 号张吉泉任住持的十八地狱庙；朝外大街 290 号张吉荫任住持的建于明代天启年间天仙护国佑圣延寿宫（俗称天仙宫）；朝外大街 242 号张吉荫任住持的东岳庙；十三区朝外大街 65 号荣章任住持的真武庙；朝外大街 285 号昌和任住持的普济寺；朝阳门外二条胡同 33 号朗堃任住持的水月庵；十三区朝阳门外大街 227 号白贤珍任住持的九天宫；十三区朝外菱角坑杨家胡同 15 号王诚茗任住持的地亩庙；十三区朝外北营房东街 3 号宽池任住持的灵瑞寺；朝外大街 31 号续荣任住持的关帝庙；十三区朝外西中街 1 号佟信芝任住持的顶关帝庙；十三区朝阳门外五条胡同 9 号阔林任住持的天仙庵；十四区朝外月河寺街 4 号善庆任住持的月河寺；朝外吉市口七条 13 号大兴县公产保管委员会管理的观音寺，位于朝外头条的清真礼拜寺，位于朝外四条的建于清代的黄庙，如今除东岳庙、九天宫外，朝外大街其余 17 座庙，随着朝外大街的拓宽和周边改造，均已荡然无存。留给后人的除了感叹岁月无情外，深层次感悟的是文化的无知和文脉割裂的剧痛。

朝阳门外大街过东大桥称为朝阳路，明清时期称为国门东孔道、朝阳门关外石道。朝阳门石道始修于雍正七年（1729）八月，据立于八里桥东南角的雍正十一年（1733）《御制通州石道碑》载"修石路计长五千五百八十八丈有奇，宽二丈。两旁修土道，各宽一丈五尺，长亦如之。其由通州新城旧城至各仓门及东西沿河两道，亦皆建修石路，共计长一千五十余丈，广一丈二尺及一丈五尺不等。费帑金三十四万三千四百八十四两有奇。经始于雍正七年八月至雍正八年五月告竣"。按清代营造尺32厘米约合现在每尺33.3厘米计算，"五千五百八十八丈有奇，宽二丈，两旁修土道各宽一丈五尺长"相当于长17881.6米，即17.882公里，宽6.4米；两旁土道各宽4.8米；"一千五十余丈，广一丈二尺及一丈五尺不等"，相当于今天长3360米，即3.36公里，广3.84米至4.8米；两者长度相加为21.242公里。另据立于定福庄路北乾隆二十六年（1761）《重修朝阳门石道碑》记"经始乾隆丁丑十月越庚辰七月落成"，重修号称"国东门孔道"的朝阳路石道，"计延袤六千六百四十四丈有奇，支户部金二十八万四千九百有奇"。"六千六百四十四丈有奇"，相当于长21260.8米，即21.261公里。与雍正时期相比，仅差19米。

朝阳路自漕运开通后，肩负着比通惠河更重的陆路运输任务。从大运河运抵张家湾的众多粮贡物资，经此道通过人力、畜力运进城里，供应庞大的中央机构、守城官兵、居民每日之需及储备。"朝阳门石道"修建的起因，雍正皇帝说："自朝阳门至通州四十里为国东门孔道，凡正供输将匪颁诏，糈由通州达京师者，悉遵是路。潞河为万国朝宗之地，四海九州岁致百货，千樯万艘辐辏云集，商贾行旅梯山航海而至者，车毂织络相望于道。盖仓庾之都会而水陆之冲达也。虽平治之令以时举行，而轮蹄经涉岁月滋久，地势渐洼，又时雨既降，积雪初融之，俟停注泥浊中，有一车之蹶需数十人之力以资牵挽者矣。朕心轸念，爰命所司相度鸠工，起洼为高，建修石路。"

从朝阳门到通州的朝阳路，民国时称朝阳街，1942年筑混凝土地面。1951年8月改称朝阳门关厢街，1953年拓宽路面并铺装沥青，1956年称今名。为迎接1990年第十一届亚运会召开，1988年从朝阳门至杨闸环岛拓宽改造。2005年至今再次拓宽、改造朝阳路，在关东店、呼家楼、小庄、红庙等处，文物部门零星发现原石道铺路石，有些石条上还刻有数字"十六号"字样，应为原石道的路牙。朝阳门外大街周边还保存着"燕京八景"之一的金台夕照遗址，以及北京五镇之一的东方木镇皇木遗址。乾隆皇帝赋诗的金台夕照碑和神木谣碑，历经磨难"破土而出"，可谓朝阳幸事、北京幸事，更是中华民族文化复兴的兆示。

文化是民族的魂，历史是国家的根。北京在建设世界城市之际，国人都会追忆汉唐盛世长安城的荣光，可是元明清时的北京就是国际大都市。拥有800多年历史的朝阳门外大街，无疑是首都北京兴衰荣辱的见证者。朝阳区得名于朝阳门，朝阳门关厢是通惠河、朝阳门石道的汇聚之地，朝阳门上雕刻的谷穗足以说明这是关系京城生存的粮道。新疆出土过汉代的绣衣，上面绣有"五星出东方利中国"，而元代、明代先后在都城东朝阳门关厢一带奠基的东岳庙、日坛，既是东方主生道家思想的延续，又是齐化门、朝阳门取名的最好诠释，出东方利京城。

北京三大古桥之一的八里桥

历史上拱卫京师的古桥有三座，一为丰台区的卢沟桥，二为昌平区的朝宗桥，三为朝阳区、通州区的界桥八里桥。八里桥，原名永通桥，因东距通州旧城西门（今旧城西大街西端处）8里而被百姓俗称八里桥，建于明正统十一年（1446），南北走向，横跨通惠河，为石砌三券官式拱桥。中孔可通舟楫。桥南北长50米，东西宽16米。桥面两侧有32副石栏板，栏板上有望柱33对，每个望柱上雕有石狮。八里桥是通州八景之一——长桥映月所在地。1985年，被定为北京市文物保护单位。

八里桥东距通州8里，西距京城30里，是由通州入北京城的咽喉要地。明初，为木桥，称"八里桥"。通惠河在明前中期时通时断，从大运河北端张家湾往北京朝阳门运送漕粮和各种货物，主要靠车运驼驮，夜以继日，不绝如缕，木桥不堪重负，于明正统十一年改建为石拱桥，明英宗赐称"永通桥"，取永远通畅无阻之义。八里桥是连接原京城与通州之间的重要桥梁，历史上曾是直通北京的要津，其历史积淀丰厚，文化遗存众多。桥两侧有32块护栏雕饰、33对石狮，刻工精美。八里桥长30米、宽16米，作为三孔桥，其中孔高达8.5米，宽6.7米，两次孔仅高3.5米，相差悬殊。通惠河运粮船多为帆船，如建造普通形式拱桥势必阻碍漕船航行，将中孔建造得相当高耸，漕船即可直出直入，因此有"八里桥不落桅"之说。

1860年，英法联军由此入侵北京。僧格林沁所部满、蒙马队和绿营兵退守八里桥后，全军分设南、东、西三路截击敌军。其中，将近1万名满、蒙马队军部署在八里桥一带防守。清军利用八里桥周围的灌木丛林，在这里构筑了土垒和战壕，准备和敌军在此决一死战。《钦差大臣僧格林沁等奏英军来扑迎击失利退守八里桥折》誓言：奴才等现在督带官兵退八里桥以扼赴京道路。奴才等赶紧再振军心，倘该夷由通（州）上犯，奴才等唯有与之以死相拼。

八里桥之战，从早上7时打到正午时刻，战斗十分激烈。其中，蒙古骑兵在战斗中表现得异常勇敢，冒着敌人的密集炮火，多次冲向敌军阵营进行英勇的战斗。三万多清军伤亡过半，而六千人的英法联军只有十二人阵亡。指挥战斗的法军将领孟托班回国后，被法国皇帝拿破仑三世封为"八里桥伯爵"，还让他当了参议员。法皇提议再给他年金五万法郎作为奖赏，但遭到了多数议员的反对。议员们认为，发生在八里桥的不过是"一场引人发笑的战斗"，"在整个战役期间，我们只有十二个人被打死"，不值得再给他那么高的奖赏！

吉拉尔《法兰西和中国》记载：八里桥之役，中国军队以少有之勇敢迎头痛击联军。他们的军队是由两万五千名鞑靼兵和为数众多的民团所组成的，尽管他们呼喊前进，勇猛和反复地冲杀，还是一开始就遭到惨败！然而，他们顶住了使他惨遭伤亡的强压火力，最后，他们还是宁愿一步不退，勇敢坚持，全体就地阵亡。这次战役虽遭失败，但以蒙古骑兵为先锋的中国军队奋不顾身、前仆后继地抵抗外国侵略者的英雄事迹将是永不泯灭的。

八里桥之战后，清政府将伤痕累累的八里桥重新修复，但仍不免留下了一些炮弹造成的创伤。民国二十七年（1938）修京通柏油路时，将桥两端垫土，降低了石桥的坡度。新中国成立后，桥面铺上沥青。2007年，在桥两端安装限高钢架，以防大型载重车对桥体的毁坏。

新八里桥位于老八里桥西侧152米处，桥梁全长81.0米、宽26.6米，双向6车道，其中机动车道4条，非机动车道2条，另外还设有2条人行道。桥面两侧的护栏上雕刻着"疏浚开槽""运粮之航""汇食八方"等有关通惠河和老八里桥的故事画面，其仿古的设计与老八里桥的古风相得益彰。2019年12月，新建的八里桥竣工通车。卧虹式桥通车后，新八里桥替代老八里桥的交通承载功能，成为联络通燕高速和京通快速的重要通道。建新不拆旧，一河架双桥，新老八里桥遥相呼应，为古老的京杭大运河再添"双桥"辉映的新景。朝阳区还以修缮后的八里桥为中心，把八里桥音乐公园进行整体文化景观提升，通过挖掘、展示周边朝阳门石道历史原状，展示漕运文化和八里桥之战等爱国主义教育内容，将运河文化内涵植入公园，让市民在休闲之余感受大运河文化。

从张家花园到乐家花园

乐家花园的定名发现源于一个偶然的下午。2009年7月3日下午，双井街道办事处王海玲科长提到通惠河南岸拆迁绿化过程中，发现一处老房子，询问是否有保留价值。出于职业敏感，我们立即赶赴现场，勘察具体状况。几棵怀抱粗的槐树、榆树遮天蔽日，浓荫处山门一间、前廊后厦的正房五间，后厦东外接出廊，后院残垣断壁，从两进院山墙门窗形制、砖瓦砌法看，该建筑群属典型的民国式样。兴奋的我们立刻返回单位查阅资料，方知此地名为双花园，现存建筑乃同仁堂乐家花园。

该地原为元代都水监张经历的花园，时名双清亭。据《宸垣识略》载"双清亭在通惠河上，元都水监张经历园也，今废"，后亦称张家花园。另有同仁堂乐家花园建在此地，故称双花园。其地旧为大鹿圈北部农田。20世纪50年代初建光华木材厂，在此建职工宿舍，直称光华木材厂宿舍。60年代改叫红胜里。70年代，又改为大鹿圈北巷，以其位于大鹿圈之北的缘故。1981年定今称。

北京同仁堂的前身为乐家老铺，由祖籍浙江宁波、明代迁居北京的乐家第四代传人乐显扬创建于清康熙八年（1669）。乐显扬拟定堂名为"同仁"，"同仁"一词出自《易经》，意思是和同于人，宽广无私，无论亲疏远近一视同仁。在此后的一百五十年间，北京同仁堂几度兴衰，至乐平泉时，锐意经营，北京同仁堂如日中天，盛极一时，驰誉海内外。光绪六年（1880），乐平泉去世，光绪三十三年（1907），苦心支撑家事铺事27年的老祖母许氏也去世了。从这时开始，北京同仁堂由四大房共管，规定各房子孙可以打着乐家老铺的旗号，另取同仁堂以外的铺号，经营中药业。20世纪二三十年代，乐家老铺在全国各地开办的药号，计有30多个。北京沦陷期间，日本商人也想染指同仁堂。他们派人向乐家提出入股的要求，乐家人花了很多钱找权贵疏通，总算躲过了一场灾祸。抗战胜利后，元气尚未恢复，同仁堂又在金圆券急剧贬值的风波中损失惨重。库存的珍贵药材亏损殆尽，无力支付职工工资。直到新中国成立后，同仁堂才获得新生。国家工商行政管理局商标局在1989年认定"同仁堂"为驰名商标，而且"同仁堂"商标还是中国第一个申请马德里国际注册的商标，大陆第一个在台湾地区申请注册的商标。

同仁堂信奉"德、诚、信"。据这里的老住户讲，乐家花园后院放有很多薄皮棺材，有穷苦人家遇到丧事到其家叩响头三个便可抬走一口棺材。花园内养了几百只鸽子，每当飞起时伴随悦耳的鸽哨声，天空掠过一大群鸽子上下飞舞，煞是好看，成为远近闻名的一道风景！

东岳庙远门与 CBD 文化广场记

东岳庙远门的复建，得益于建外办事处的领导对通惠河、东岳庙历史的知晓。东岳庙历来有"跃马扬鞭开远门"的传说，讲的是东岳大帝从遥远的泰山腾云驾雾沿通惠河逆流而上，至东岳庙远门走神路街回岱岳宝殿行宫之事。传说八国联军攻占北京后毁了东岳庙远门，以致后人误把神路街与明代修建的日坛联系到一起。明晰这段历史的建外街道办事处领导们为营造 CBD 文化广场的文化氛围，数次召开专家论证会，力图汇集历史上这片热土的文化元素，并通过东岳庙远门这一元代建筑，把东岳庙、通惠河、朝阳石道等历史名胜有机结合起来。于是，著名的美术家盛扬在此留下了珍贵的朝阳漕运历史沿革图，并以铜雕壁画的形式嵌入东岳庙远门文化墙内。笔者不揣浅薄，欣然命笔写下《CBD 文化广场记》，记下这段丢失百年又逢盛世、因缘巧合再现容光的东岳庙远门复建历史。

CBD 文化广场记

汉代有言：五星出东方利中国。明设日坛于城东，希冀国家旭日东升。建金台揽天下名士，立神木镇京城东畿，人杰地灵；疏通惠河漕运之水，筑朝阳门石道之路，商通南北。其地商风发轫于燕，形成于辽金，繁荣于元明清，翘楚于廿一世纪初。今集庆丰闸之石、朝阳石道之板、对槽驴之槽等旧物，汇于复建之东岳庙远门，以期秉承先祖商道之谛，扬翼商务中心之巅。

北京市朝阳区人民政府建外街道办事处

公元二〇〇七年十月一日

通惠河北岸东岳庙远门

CBD文化广场碑记阳面

高碑店老闸口系元代郭守敬所建

通惠河边千年古孙高碑店有一处俗称老闸口的地方。闸口呈对头燕翅形，巨大的长方条石有序叠压，石与石之间挖槽用银锭形铁固定。闸口长13.9米，两边对称堤坝54.44延米，南侧保存完好，北侧因湖水侵蚀残存堤坝约30延米。南侧堤坝占地780平方米，北侧残存堤坝占地400余平方米。查《元史》《日下旧闻考》，通惠河动工修建于至元二十八年（1291），竣工于至元二十九年（1292），为时任都水监的郭守敬主持勘察设计和率领修建。通惠河自西向东流，为运输大运河转运的粮食，在坡度大的河段设置上、下双闸甚至三闸，交替起降，用以调剂水量，以节制水流，解决逆流而上运输的难题。如今的长江三峡大坝上下船舶仍然采用这一原理。

古漕运河道通惠河上的第三闸位于高碑店乡域内的花园闸附近，原名郊亭闸，元延祐年间改建石闸，更名平津闸（分上、中、下三闸）。明宣德、正统年间都曾重修此闸，以利漕运。元、明、清三代都曾在该闸设官吏管辖，有定额编夫船户。因此附近有些村落的名称与该闸有关。追本溯源，今天的高碑店村当起源于其周边的辽代郊亭村，后发展、衍生为元代的银王庄、高蜜店等不同名称的小村落，元代的高蜜店延续到明代又有糕糜店、高碑店村不同称谓，发展至清代高米店、高碑店。从历史上多种不同称谓看，该村形成的重要因素是漕运、河闸及稻米，

耸立在闸口旁的郭守敬石雕像

地名源流考证

历史文脉就是通惠河。高蜜、糕糜、高米都是同音异字,高碑当谐音于高稗(稗),稗者是与稻米相伴生的杂草,也是高米之意。高碑店村源于辽代郊亭,兴盛于元明通惠河漕运,至清时又按河南、河北、村东、村西等自然因素分为若干村落,而高碑店主体村落至今仍是拥有5000余人的京郊数一数二的大村落。

在勘察通惠河水利设施遗址、桥涵码头、堤坝渠堰时,发现高碑店村通惠河湖边俗称老闸口的地方,保存较为完整的元代闸一处,高碑店村通惠河遗留老闸口属元代水利工程实物,经调查核实为通惠河唯一一处元代遗存,历史价值、文物价值不可低估。

通惠河上仅存的元代闸口

北平和平解放谈判地——五里桥

1949年1月14日至16日，解放军平津前线领导人林彪、罗荣桓、聂荣臻，在河北省通县五里桥村张家大院，与国民党军队傅作义部代表邓宝珊、周北峰等，就北平和平解放问题进行第三次谈判，达成《北平和平解放初步协议》14条。1月19日，协议正文增补为18条，附件4条。东北野战军参谋处处长苏静，傅作义代表王克俊、崔载之，在《关于北平和平解放问题的协议书》上签字。1月22日，傅作义在《关于北平和平解放问题的协议书》上签字，并发表广播讲话。1月31日，中国人民解放军入北平接管防务，北平宣告和平解放。

五里桥村，成村于明代，清代以抗击英法联军入侵而闻名，在北平解放前夕因《北平和平解放初步协议》在此达成而名垂青史。1958年，通县五里桥村划归北京市朝阳区。谈判旧址张家大院在北平解放后分给农民居住，后改为小学，毁于"文革"；原址重建房屋曾先后用于生产队办公室、粮库、服装厂。2010年5月，因地铁6号线建设需要，原址建筑被拆除。为纪念此次谈判，特立此碑。

黄木厂与神木谣碑

黄木厂位于朝阳区，东距广渠门1000米、北距通惠河200米处。为明代永乐年贮存筑宫殿木材之场，据《明史》记载，永乐四年（1406），明成祖朱棣下诏派遣工部尚书宋礼采伐木料营建北京的皇宫和长陵。一次宋礼在四川省大凉山西发现了一批特大金丝楠木，但在要采伐的前一天晚上，忽然雷声大作，这批金丝楠木竟随着远去的雷声消失了。困惑间待第二天一看，这批巨木却都浮出山谷，抵达江上。宋礼急速将此事奏报朝廷，明成祖十分高兴，以为"此乃祥瑞之兆，天助我也"，随即命名这批特大的金丝楠木为"神木"；封产地之山为"神木山"，建神祠岁岁祭享，以答谢神的赐予。随后又命人开山修路，疏浚河道，将这批木料由运河经通惠河辗转运抵京城，专贮东郊，这个地方因此叫作皇木场。据《天咫偶闻》载："大通桥之南有皇木厂，属工部。"《春明梦余录》记载："京师神木厂所积大木，皆永乐时物。其中最巨者曰'樟扁头'，围二丈外，卧四丈余，骑而过其下，高可隐身。"《大清统一志》："神木"横卧于地，是建紫禁城余木，叫"樟扁头"，直径3米，长6丈余，上刻"王二姐""混江龙""嫌河窄""张点头"几个江湖诨号。木质旃檀色，花纹如同叠云卷浪，用手一敲，音清脆有乐感。

据民间传说：清乾隆年间。一天，乾隆正在紫禁城内睡午觉，忽梦金色神龙在空中盘旋，垂泪哀求："请你救救我吧，那熊熊大火快把我烤焦了。"乾隆一梦惊醒，马上派人到金龙说的广渠门外通惠河边去找，发现这棵神木如巨龙横卧于地，其东面有九眼烧砖之窑。乾隆即降旨熄火拆窑，并赐"九龙山"名，永保神木，建有木神庙一座。修建亭栏保护时，乾隆御题《神木谣》："远辞南海来燕都，甲乙青气镇权舆。"神木一去不复还，空留山名在雾都。

乾隆皇帝曾两次去那里观览过"神木"并作诗，神木谣碑碑身高约2米，

宽1米多。两面有字,字大一拳,四围刻有"万"字回文边框,碑题为"神木谣"。碑阳的碑文为:

神木谣

  都城东有巨木焉,其长六十余尺,卧于地。骑者隔木立,弗相见也。相传前明时所置,以应甲乙生气云。作神木谣:"天三巽一含精腴,深山大泽连林扶。寿突灵椿忘荣枯,所乐不存瘗弃渠。远辞南海来燕都,甲乙青气镇权舆。是称神木众木殊,春明旧迹久闻予。便中一览城东隅,长六丈余卧通衢。围乃不可规矩模,肖然骑者能蔽诸。四百春秋一瞬夫,雨淋日炙风吹敷。枝干剥落摧皮肤,隙孔嗋菌郁缪迁。为想怀材昔奥区,凌云概日垂扶疏。翩集不胫曰人乎,天也将以为贞符。试看虚中臣查如,尧年贾月历劫余,生育盛德犛皇图。

落款"乾隆戊寅春(1758)三月御制并书",下有篆书钤章"乾隆宸翰"和另一方印章。"神木谣"碑阴:

  屖颜穹谷羌天宇,冥灵大椿生是所。天地精英神鬼辅,化为邓林疑夸父。燕京创建明成祖,搜索室奉为楹柱。撼之不中雷霆妒,虎狼怒啮蛟鼍雨。千夫舁走日里许,夷山堙壑坏屋庑。难依绳尺梓弗取,横岗偃卧安厥处。阅历岁月殊今古,径类修蛇围若堵。骑人去来蔽弗睹,之篆剥蚀虫与鼠。谓云神来神其下,我闻橚不夭斤斧。胡遭大斫辞岖嵝,视之柍桭差犹愈,林不材间应见汝。

落款"此癸亥(1743)所题,戊寅(1758)东巡回銮行路一览既为谣以泐之。贞珉并书此作用志碑阴乾隆再识"。下有篆书钤章"乾隆御笔"和"宁静致远"。

  "神木"被九间木构屋覆盖起来,周围用青石栏杆围护,以避风雨侵蚀。就这样,"神木"一直在保护着京城,神木碑也一直竖立在那里。日寇侵华期间,战乱动荡,谁有暇顾及"神木"?黄木场北河道自20世纪初断流废弃,荒草丛生。新中国成立初期,神木碑亭和房屋因年久失修而坍塌,御碑被埋于地下,而当年的"神木"更是腐朽得不成样子。1952年,北京钢琴厂在此选址建厂，当年的"神木"已被风雨侵蚀，虫啮鼠咬。在"文化大革命"中的70年代初厂里决定将残存的"神木"锯成板材加工成八张会议桌，令人扼腕叹息。神木碑被有心人埋在厂里的白菜窖内得以保护下来。1982年7月定今名黄木厂。1985年钢琴厂翻建厂房时，"神木谣"御碑被挖掘出来，厂里还腾出空地修建了神木碑亭景区，并将"神木谣"的故事载入厂志。后来该厂又投资3万余元为御碑修建了一座亭子，并用不锈钢和有机玻璃制作了罩子，将碑文保护起来，还在四周修建了绿地，设专人维护管理。用残留神木制作的条桌现收藏于朝阳区文化委员会文物库房，仅存的几块原木残片至今还保留在星海乐器公司的档案室内。

五方说缘于中国古代一种朴素的地理观，即天圆地方，方就有中心和四个方向，这五个方位分别与五行学说中的金、木、水、火、土相对应，按"天干"顺序排序，得出五个方位的相应镇物，保障各方安宁。如中国古代曾有五大镇山（东镇沂山、西镇吴山、南镇会稽山、北镇闾山、中镇霍山）之说。相传在元、明两朝时，北京有"五镇"之说，即按"五行"金、木、水、火、土排列设有五个"镇物"，压住北京的东、西、南、北、中五个方位，以保北京城的安宁。风水大师根据"天圆""地方""天干""地支""五行""八卦"的结构，研究阴阳风水，以确定城市的合理布局，并有意设计、安排或造就实物拟定镇城之宝，以作为皇权神授的佐证，确保皇都平安。与燕京八景类似，五方说自形成以来有过多个版本，但到清乾隆年间基本固定下来。即东方甲乙木，为城东皇木场之神木；西方庚辛金，为城西大钟寺永乐年间铸造之华严大钟，取定鼎北京之意；南方丙丁火，为城南良乡昊天塔下之红土，这里红土相传是宋朝孟良用火葫芦烧红的，故借用这个"火"字；北方壬癸水，指城北昆明湖，湖水引入皇城为用水之源；中央戊己土，指中轴路中央的煤山（即景山），为建皇宫挖筒子河和中南海之土堆积而成。

关于黄木厂这块"风水宝地"，星海钢琴集团普遍认为：建厂之始，东边是北京啤酒厂，西边是北京酱油厂，北边有通惠河，南边是双井，有井自然也少不了水，两水保一木，庇佑了皇木场里的木头，而后又保卫了钢琴厂50多年未遭遇火灾。如今，星海钢琴集团的厂子搬到了通州次渠。文物部门明确表示，"神木碑"作为文物不能跟着厂子一起搬家，否则失去了地标意义。星海集团就按照1比1的比例，按照原型复制了新的"神木碑"立在了新厂区内，希望能把他们与"神木"的缘分延续。笔者作为文物主管部门的负责人和见证者，撰写了御制"神木谣"碑简介和"神木谣"碑亭重修记。

御制"神木谣"碑简介

朝阳区黄木厂，为明代永乐年贮存修筑紫禁城宫殿木材之场。据《天咫偶闻》载："大通桥之南有皇木厂，属工部。"《大清统一志》："神木"横卧于地，是建紫禁城余木，叫"樟偏头"，直径3米，长6丈余，上刻"王二姐"、"混江龙"、"嫌河窄"、"张点头"几个江湖诨号。木质旃檀色，花纹如同叠云卷浪，用手一敲，音清脆有乐感。乾隆皇帝于1743年、1758年先后两次观览"神木"并赋诗"神木谣"，其中有"远辞南海来燕都，甲乙青气镇权舆"，后刻碑立于神木旁。神木系金丝楠木，二十世纪八十年代残存"神木"被制成桌椅，现存于朝阳区文物主管部门。

"神木谣"碑亭重修记

黄木厂"神木"自明清以来，一直被民间作为京城的东方镇物，是京城"五镇"之一。"神木"和"神木谣"碑，也是黄木厂这一地名历史由来的实物佐证。解放后，北京钢琴厂建在此地，修建圆亭保护"神木谣"碑。2008年空军机关在此建设住宅，出于保护珍贵历史文化遗产的责任，重新规划设计"神木谣"碑亭，2011年国庆日御制"神木谣"碑亭完工。碑亭建于三层台阶之上，按照御碑亭建设规制，采用八角重檐黄琉璃筒板瓦攒尖顶，实木构架，露明部分木构件绘制金龙和玺彩画，造型庄严古朴、规制严谨。人民空军以保家护国为己任，建碑亭传承京城历史文化。此志。

作为通惠河畔的重要历史景观，神木厂历史景观的修复建设于2020年完工。分别是在神木厂遗址通惠河南侧二闸公园内建设神木保护廊房，并在廊房西侧建设《神木谣》碑御碑亭，南侧建设皇木博物馆，展示金丝楠木和大运河漕运等有关历史文化。皇木厂、神木、神木谣等蕴含的丰富历史文化、民俗文化，吸引着一代代、一批批着迷于老北京的海内外人士。

◆ 地名源流考证

拆建前的"神木谣"碑亭

金台路不在"金台"

《日下旧闻考》卷八引《燕山八景》语:"昭王时燕人郭隗谓王:'有以千金买骏骨者,期年而千里马至者三,王必欲致士,先从隗始。'昭王乃改筑官师事之。未几乐毅、驺衍之俦归燕,遂并强齐。至今燕地借是为重。故并以金台称,亦称燕砚台。按黄金台有二,故燕昭王所为乐、郭筑而礼之者,其胜迹皆在定兴。今都城亦有二,是后人所筑。"显然,"黄金台"之名源于《春秋后语》所记:"燕昭王曰:'安得贤士以报齐仇?'郭隗曰:'王能筑台于碣石山前,尊隗为师,天下贤士必自至也。'王如其言,作台以金玉崇之,号黄金台。"燕京黄金台有两处,至迟建于金代章宗时期。清前期鼎盛之时,都城黄金台,出朝阳门循濠而南,至东南角,岿然一土阜是也。日薄崦嵫,茫茫落落,吊古之士,登斯台者,辄低回眷顾有千秋灵气之想。京畹八景有曰"金台夕照"即此。

金章宗时钦定燕京八景为:卢沟晓月、西山霁雪、蓟门烟树、居庸叠翠、金台夕照、玉泉流虹、琼岛春云、太液晴波。明清时"燕京八景"是西山晴雪、卢沟晓月、金台夕照、蓟门烟树、琼岛春荫、太液秋风、玉泉垂柳、居庸叠翠。作为名胜古迹,"燕京八景"在清朝乾隆皇帝时,都曾亲题御笔,刻碑立石;然而随着世事沧桑,"燕京八景"中唯独"金台夕照"伴随黄金台的湮没而消失于人间。

黄金台在2000多年的历史长河中,曾引得多少有志之士的遐想和千古绝唱。唐陈子昂《蓟邱览古诗》:"南登碣石馆,遥望黄金台。邱陵尽乔木,昭王安在哉?霸图今已矣,驱马复归来。"北宋司马光《燕台歌》:"万古苍茫空盛衰,燕台贤客姓名谁?君看碣石岩中草,宁似昭王拥彗时!"王恽《望黄金台歌》:"君不见孔子修春秋,二百四十有二年。燕人欢血才一见,下逮战国尤茫然。惟南声教耻不与,苦羡齐鲁多英贤。黄金不惜筑此台,当时何限郭隗才！政缘市骏售其骨，云烟转盼龙媒来。古称得士国无小，甘棠世业如天开。悲风萧萧易水暮，往事不复令人哀。昭王之名传永世，黄金高台安在哉！"荆川唐顺之《金台行》："君不见，七雄割据势相均，得士者富失士贫。燕昭信义明日月，不惜千金买骏骨。郭卿谈笑吐深谋，海内贤豪竞驰突。就中乐生尤绝奇，按剑魏朝人岂知？一朝遇主同心腹，亲居君王为推毂。指麾燕兵百余万，蹴蹋齐城七十云。于今六合无并吞，寂寞古台空复存。少年未上麒麟阁，且学浮沉金马门。"北海冯畹燕《藏怀古诗》："骏骨何年事，黄金上此台。燕陵空北望，易水自东来。百里贤良聚，千秋霸业开。如何别壮士，独奏羽歌哀。"贵筑《邱禾实诗》："昭王当日有高台，陛级原因郭隗开。千载黄金留士价，多年骏骨不重来。"

世上真有黄金台？黄金台在哪里？黄金台里有黄金？黄金台上缘何要看夕照？明杨荣《金台夕照诗》："犹携尊酒上金台，尚想当时国士来。落木千章寒月下，长空万里暮云开。春风寂寂飞桃李，夜雨潇潇瘗草莱。却笑一时空买骨，只今才骏总龙媒。"明金幼孜《金台夕照诗》："迢递高基近日边，倘来登览向依然。万家禾黍秋风外，十里旌旗落照前。远郭砧声来杳杳，平原归骑去翩翩。黄金漫说能招士，千载犹传郭隗贤。"清林环《金台夕照诗》："高台曾此置黄金，人去台空碧草深。落日未穷千里望，青山遥映半城阴。雁将秋色来平野，鸦带寒光遇远林。昭代贤才登用尽，不须怀古动长吟。"明诗人邹缉赋诗："高台百尺倚都城，斜日茫茫弄晚晴。千里江山回望迥，万家楼阁入空明。黄金尚想招贤意，白发难胜慨古情。看尽翩翩归鸟没，古原秋草暮云平。"

"金台夕照"台基遗址位于朝阳区东三环中路北侧23号院内财富中心的西南部，平面近似梯形，夯土台基方向：350°。台基由素土平夯，先挖基槽，然后逐层打起。乾隆御制"金台夕照"碑：长方形，总长3.3米，碑身长2.35米，宽1.5米，厚0.5米，碑座宽1.3米，厚0.7米，高0.95米，碑额篆刻"御制"二字，碑阳刻"金台夕照"四个大字，字上方盖乾隆皇帝玉玺。碑阴刻乾隆皇帝题诗："九龙妙笔写空濛，疑似荒台西或东。要在好贤传以久，何妨存古讬其中。豪词赋驾谁过客，博辩方盂任小童。遗迹明昌重校检，翠然高望想流风。燕台遥望淡烟濛，返照依稀禁御东。是处人家图画里，一川风景夕阳中。溪头棹响归渔艇，牛背箫声过牧童。千古望诸流胜迹，几回凭吊向西风。"落款辛未年初秋题，下盖玉玺。

黄金台残迹重现天日而须臾间重新沉寂于地下，夕阳照在御碑上，梦还将顺延给后代子孙。朝代更替，世事沧桑，对于那些忧郁、矜持、自命不凡的文人骚客而言，寻梦恐怕比梦醒意境更深远，睹碑寻梦，就让他们继续发思古之幽情吧！

"金台"勘探遗址　　　　　　　　　金台夕照碑

千年望京何言千年

普查队员在查阅文物出土电子档案时，一组照于2004年5月18日小望京村出土明太监墓的照片，引起了我们的注意。这位葬于成化己丑岁（1469）季春月十有三日，祖籍山东兖州府东平州大村社南城子的御马监太监韩谅，卜葬于"顺天府宛平县德胜门望京之原癸山里"。在墓中出土了北京至今少见的精美成化五彩瓶一件，更为珍贵的是清出韩谅墓志一盒、石刻朱砂描摹的"合同"即买地坟券一方。这是千年望京目前唯一的实物证明。

《钦定日下旧闻考》卷一百三十八引《梦溪笔谈》："幽州东北三十里有望京馆，东行少北十里余，出古长城，又二十里至中顿，又逾孙侯河，行二十里至顺州。"宋《王沂公（曾）行程路》云："出（辽南京）北门，过古长城、延芳淀，四十里至孙侯馆，改为望京馆，稍移故处。"孙侯馆和望京馆，即今朝阳区东北部的孙河镇和大、小望京村，孙侯与望京当时都处在中京经古北口通往幽州的交通要道上，孙侯更是位居温渝河（今温榆河）之南岸，是当时从东北方向进出幽州必经的重要渡口，也是兵家必争之地，村中曾设有瞭望敌方情况的土堡，孙侯原为孙堠。为了给南来北往的使臣提供宿息饮钱之所，辽代便在孙侯建立馆舍。后将望京馆迁至孙侯馆，合称望京馆。沈括、王曾出使辽时，距今已达千年，故望京千年名副其实。

望京墩建于明景泰元年（1450）。于谦率领明军成功击溃兵临北京城下的瓦剌军后，为加强北京城防又奏请皇上："京城四面，因无墩台瞭望，寇至不能知其远近及下营处，卒难提备，可用四面离城一二十里或三十里筑立墩台，以便瞭望。"景帝回曰："所言甚善。"其令钦天监踏勘，画图来看。同年六月，总兵武清侯石亨再奏："京城四面，宜筑墩台，以便瞭望。"只过一月，七月就在京城北面和东北面"筑德胜门双综铺及东直门外望京村墩台"。

《顺天府志》记载怀柔县"西南至本府宛平县界望京村三十五里"。《顺天府志》写于明末,尚未见大、小望京村之分。所以,望京分大、小村当是清代以后的事。到20世纪初拆迁小望京村时有800多人,400多户。至今,大望京村有常住人口2898人,1692户;两村原以一条小河相隔,大望京村居东,小望京村居西。大、小望京村随着城市化进程将陆续拆迁,以高科技、国际化著称的望京新城,崛起于北京东北部。生活在这里的人们有几人知道"千年望京"的历史啊!

石婆营讹音为石佛营

北京出版社 1993 年版《北京市朝阳区地名志》称石佛营村名称"以村中古刹内供奉的一尊石佛命村名",讹也。据在此地出土的《明故诰封恭人王母李氏墓志铭》记载,此地在明世宗嘉靖年间名为石婆营,距今已达 450 余年。后来何时谐音为石佛营则不得而知。而以"石佛命村名"的说法更是望文生义。

墓志铭说锦衣卫指挥佥事王铭之妻李淑正,生于明代成化六年(1470),卒于正德十五年(1520),享年 51 岁。其二子王泽袭爵锦衣卫指挥佥事,锦衣指挥使刘镇是其女婿,三子王涣恳请赐进士第、征仕郎、侍经筵官、刑科给事中、前行人司行人沈谧为其母撰写了墓志铭。从墓志铭可以看出,诰封恭人王李氏,性情温良,勤俭持家,恪守妇道,符合中国传统妇女行为规范之要求。但出乎意料的是,希望借石质墓志铭以达"石刻匪坠,百世其芳"的撰文者、篆书者、刻石者,一句"合藏王公于石婆营之原",让 500 年后的我们知晓今天的"石佛营"来源于明代的"石婆营"。

  明故诰封恭人王母李氏墓志铭
  赐进士第征仕郎侍经筵官刑科给事中前行人司行人秀水沈谧撰
  奉敕提督神机营总兵官兼掌后军都督府事太子太傅宣城伯云间卫錞篆
  奉敕提督三千营军务总兵官前军都督府管府事前南京协同守备兼掌南京右军都督府事靖远伯陆川王瑾书
  恭人姓李氏,讳淑正,成都名族,故通政司右通政李公宽之女,诰封锦衣卫指挥佥事王公铭之配,今锦衣指挥佥事王君涣之母。恭人在家□爱、慈爱、聪慧、浑朴,性简默,勤女红,无事文藻,父母爱之。选所宜,归以适王氏。王氏族大且贵,□□□父骥,登永乐丙戌第,官由兵部尚书,以功封靖远伯，谥忠毅，载信史，天下颂之。舅增，为驸马都尉，尚嘉善大长公主，即其姑也。累世尊显。恭人入门未合室，值姑疾，□□维候呼召躬，奉汤药衣不解带者月余，姑疾愈，上下靡不赞贤。后合卺礼成事。□□恭诚至将顺，不怠善中，馈亲酒浆。治家俭约，克尽妇道，舅姑安乐，一家□□，恭人不有焉！姑尝称之□□□亲□则之，恭人退避不敢承。正德戊寅，□□偶构疾不能治，恭人焚香誓代之。□□□□□卒。恭人恸，几殒成疾。越□□亦卒。生成化庚寅三月一日，卒正德庚辰七月十七日。享年五十有一。生子三，滋、泽、涣，滋早卒；泽授锦衣指挥佥事，娶何氏，封恭人。女五，俱适名家，如锦衣指挥使刘镇其婿也。兹卜嘉靖癸巳十月廿八日，合藏王公于石婆营之原。涣，有清才，能文，述母状，请铭恳切，不可辞，谨按状为铭，曰：

维顺坤常，维懿女良，维妇之道，匪辨之强。贤哉□□，幼守姆方，静一而贞，德柔而刚。往事夫家，宾祀孔昌。克尽闺范，悦彼舅嫜。生嗣其茂，为圭为璋。绳祖弗绝，于夫有光。夫终其绩，同兹永藏。石刻匪坠，百世其芳。

武基源自"五基""吾基"

北京城东南据《宸垣识略》载:"圆觉寺在武基,去广渠门二十里,明正统中司礼监金溶建,初名报恩,赐额圆觉,有正统、嘉靖间碑三。"后人称该寺为武基寺。寺早已圮。《北京市朝阳区地名志》写道:"小武基以村东南的武基寺命村名。另据传该地原为农村集市,农历每月逢五为集,俗称小五集。"但据在此地出土的《明故工部尚书进阶荣禄大夫致仕赠太子太保曾公墓志铭》《明封淑人亡妻陈氏墓志铭》记载,早在明朝弘治年间,此地便称谓"五基"。另从《明故太学生曾景畴配孺人王氏墓志铭》称此地为"大吾基",明嘉靖初期,"五基"村已划分大小。

明故太学生曾景畴配孺人王氏墓志铭
赐进士出身承直郎兵部职方司主事前翰林院庶吉士锡山夏子开撰
文林郎大理寺左评事赐四品服直文渊阁制敕房预修国史玉牒经筵官昌黎王槐书
登仕郎鸿胪寺署丞直内阁预修国史献陵李中篆

故曾生配王氏,婺居四十有六载,嘉靖乙巳五月二十六日乃卒。其从孙上舍国柱辈惧烈行弗彰,请铭于余,以垂内范。余厕里中且稔知其贤,义乌可辞。按进士罗子德甫状称,孺人姓王氏,讳洲清,先世河内人,以籍家于都下。即墨令辅之女,湖广按察副使旸之妹,适太子太保工部尚书曾公鏴之嫡长子洪。景畴,洪之字也。先是即墨公与太保公友善往来,每爱景畴醇雅,遂许归焉。时曾门第方盛,族党实繁,姑陈夫人尚在,孺人适之克尽妇道,处内外诸姑伯妯妇,咸有礼度。迨景畴以荫补国子生,奋志举业,孺人仆之，日益淬励，寻以耽书罹疾弗救，弘治庚申岁也。孺人罔昼夜恸毁，必欲死殉，家人防谕诶，旬乃永矢弗再适。刚严自闲，足不及中阈，俭约损抑，纤毫不妄废，冰蘖之操凛如也。越数年，太保公暨陈夫人相继捐馆，孺人与庶姑滕氏胥守愈劼，所依惟景畴之弟光禄署丞沄。又三十年沄亦物故，所抚惟沄之子国枢。孺人亦渐衰老，至是云距生成化己亥七月二十五日，得年六十有七。所生子男一女一，俱殇。同族议诸族人耳，以是年六月十二日爰启景畴之圹合窆。附都城南大吾基之赐地也。余惟孺人方失所天也，才二十有二，又子女随弃，而能盛衰一节之死靡他，固当采之，以裨风化，奚啻宜铭。铭曰：

　　燕之川，其流溅溅，惟兹贞妇，幽思孔专。燕之山，其石崭崭，惟兹贞妇，令节永参。

武圣路与五圣祠

武圣路一棵孤零零的古槐树，引起笔者的关注。武圣是指关公吗？此地原有武圣庙？武圣路来源于关帝庙？在疑问中，笔者想起日坛公园内存放的《重修五圣祠碑赋》碑。又想起2006年夏，居住此地的我国著名辽史专家、契丹字专家、恩师刘凤翥先生在小区院内发现的五圣祠碑，及时向文物部门打电话希望予以保护，立刻为古槐登记测量，查找两通石碑留给后人的历史信息。

《重修五圣祠碑赋》首题：直隶顺天府大兴县广渠门外陶家口，今更为新五圣庙村。碑立于道光二十五年（1845）十月二十七日。碑载"今有祠名五圣，不晓初修之意，难明始建之由"，当时的五圣祠"惟丈二卑室"，"庙貌之蕞微"令决心扩展庙基的"黎民百姓共焚信香以告，气冲三霄，众秉恪意，声闻五圣于焉。有裱缘簿者，引录文词；有领募化者，随心布施。或捐砖木；或助财资；或赖慈心之援引；或籍大力之嘘吹；或懂事前趋，劳心于终始；或助工，早作竭力仐体肌，于以增高殿宇，塑峻神仪，一时壮万古垂遗。工竣春三，莫谓陶家之口，光开秋九，更名新庙之祠"，"貌庄严，重修永固祠堂，大展迥异前时"。

"五圣"说法很多，儒家"五圣"指"至圣"孔子、"复圣"颜子、"宗圣"曾子、"述圣"子思和"亚圣"孟子。颐和园昆明湖西侧小岛上的五圣祠正殿内原祀山神、土地、花神、药王、龙王"五圣"。民间普遍信仰的五圣起源于江南，《陔余丛考》卷三五"五圣宫"条记载：朱元璋打天下论功封官行赏，夜梦多年征战亡灵求祀典，便下旨"汝固多人，无从稽考，但五人为伍，处处血食可耳"。朱元璋醒来，梦中之事记忆犹新，于是命"立五尺小庙祀之，俗谓之五圣庙"。

另据康熙三十八年（1699），立于山东章丘东南山村长申地的《创修五圣祠碑记》记载："凡村皆有神祠，以寄歌哭。""庶几春秋祈报，可托如在之诚；浆水呼名，亦有招魂之地。词虽近俚，而固无害于义，乡人之诚朴亦诚可知也。"

清康熙二十五年（1686），江苏巡抚汤潜庵上奏朝廷"奏除五圣淫祠"，从此，大江南北的五圣宫、五圣祠基本上绝迹。但原称陶家口村，修葺五圣庙后"今更为新五圣庙村"的五圣祠，修庙目的是"上报皇皇太后万寿无疆，祝延当今天子九州巩固，以暨满朝文武位登九五之尊，遍野黎众岁获十千之数"，谁人敢提出微词呢？扩大后的五圣祠虽无神名之记，但不再是"招魂之地"的丈二卑室，应该与颐和园昆明湖西侧小岛上的五圣祠"祀山神、土地、花神、药王、龙王五圣"相差不多。朝阳区潘

五圣庙古槐

家园地域五圣庙一带，新中国成立后经多次改造，五圣祠早已不见踪迹，庙前小路经1990年拓宽后更名为"武圣路"，至今还保留"武圣东里""武圣西里"小区名称，路也有"武圣东路"，只是迁居于此的人们，知道其来历的并不多了。

重修五圣祠碑赋

夫创立寺院，重修庙祠，则自古而已矣，于今为烈。自昔留踪，经营伊始，谨慎惟恭，祝彼常新兮不朽，仰其高大而葱茏。旧贯堪仍，何必改作；新修不易，谁欲勤佣？奈庙貌之蓑微，神灵丕著，动群黎善念，修大当重。今有祠名五圣，不晓初修之意，难明始建之由，迹峙东郭，高映都城之百雉，恩承比闾瑞应，惟丈二卑室，神灵丕著，当建百尺高楼，遂处心而欲，改立愿兮重修。或说就旧遗之基址，展也大成；或书新改之规模，岂曰小补，虽无虎溪莲社，自大昔创立之规，难获玉带纳裙，亦增初之古，不必堂过之三，只筑脊名之五，遂乃共计同相商，并诚于各致敬。几人立志，传扬比户，千家万善，同归感动。黎民百姓共焚信香以告，气冲三霄，众秉恪意，声闻五圣于焉。有裱缘簿者，引录文词；有领募化者，随心布施。或捐砖木，或助

财资，或赖慈心之援引，或籍大力之嘘吹，或懂事前趋，劳心于终始；或助工，早作竭力兮，体肌于以增高殿宇，塑峻神仪，一时壮万古垂遗。工竣，春三莫谓陶家之口，光开秋九，更名新庙之祠。是以功成圆满再立丰碑，载善人之姓氏，铭信士之心思。貌庄严，重修永固祠堂，大展迥异前时。赫赫神威，自保兹方之福；昭昭圣意，飨是碑之辞。方今河清海晏，民乐盛世之升平，圣显神威野。歌保佑之诗赋，上报皇皇太后万寿无疆，祝延当今天子九州巩固，以暨满朝文武位登九五之尊，遍野黎众岁获十千之数。壮国家之瑞气，焕然一新；表士众之元良，同与碑不故也哉。

《重修五圣祠碑赋》拓片

引善人：侯国祯、刘锐、侯国泰、强贵增、张福山、高云龙、史禄、张国泰、李明旺、王世文

道光二十五年十月二十七日众善立

追根十八里店

姚远利作为京城收藏界的知名人士，筹建了京城也是国内唯一一座以科举为主题的私人匾额博物馆。馆内珍藏了数百块与科举有关的古牌匾，所有馆藏全部为姚远利10余年遍访全国收集而来，并收集了许多墓志铭以弥补科举正史记载的不足。在其墓志展室内，两方明代嘉靖年间葬于时称十八里屯今称十八里店的郭姓妯娌墓志铭，引起我的兴趣。嫂夫人锦衣百户郭巨卿妻孺人张氏，嘉靖己酉年（1525）"年三十九，葬于崇文门外十八里屯祖茔"。弟妹锦衣郭隆卿妻孺人宋氏，嘉靖丁未年（1547）"葬城南十八里屯祖茔之侧"。

明朝建立后，仍沿袭元代"里社制"，在移民垦荒的国策下，实行军屯、民屯、商屯的移民垦荒制度。《明史》"太祖仍元里社制河北诸州县，土著者以社分里甲、迁民分屯之地以屯分里甲"。就是说明初，以屯、寨、庄、科命名的村落，为迁民设立居住的村庄，不是土著。根据历史文献记载，永乐元年（1403）八月，徙苏州等十府，浙江等九省富民实北京。永乐二年（1404）九月，"徙山西太原、平阳、泽、潞、辽、沁、汾民一万户实北京"。永乐三年（1405）九月，"徙山西太原、平阳、泽、潞、辽、沁、汾民一万户实北京"。永乐四年（1406）正月，"湖广、山西、山东等县吏李懋等二百四十人，愿为民北京，命户部给道里费迁之"。永乐五年（1407）五月，"命户部徙山西之平阳、泽、潞、山东之登莱等府州五千户隶上林苑监，牧养栽种，户给路费一百锭，口粮五斗"。永乐十五年（1417）五月，山西平阳府、大同、蔚州、广灵等府州申外山等诣阙上言："本处地饶且窄，岁屡不登，衣食不给，乞分丁于北京、广平、清河、真定、冀州、南宫等县宽闲之处，占籍为民，拨田耕种，依例输税，庶不失所。从之。仍免田租一年。"参照该馆珍藏的正德辛巳年（1521）葬于"都城东六里屯"的《明故朴庵处士田公墓志铭》，证明十八里店村形成于永乐年间的移民,当时也称"迁民屯"。根据距离京城城门的远近起村名为三里屯、六里屯、十八里屯等,如今阜成门外三里屯、东直门外三里屯的地名仍然保存,而十八里屯却在500多年的历史长河中改称十八里店了,生活在这里的人们还知道自己的祖先也曾经是"京漂一族"吗?

北京著名古迹"五坛"之日坛

日坛又名朝日坛，原为明锦衣卫萧瑛墓地，建于明嘉靖九年（1530），是明、清两朝帝王祭祀太阳即"大明之神"的皇家祭坛。据《天府广记》载："祭用太牢、玉礼三献，乐七奏、舞八佾。甲、丙、戊、壬年，皇帝亲祭。"日坛西向，祭台为白石砌成的一层方台，明代坛面为象征太阳的红琉璃，清代改为方砖墁砌，四周有圆形遣墙，东、西、南、北各设汉白玉石棂星门一座。西门外有燎炉、瘞池，北为神库、神厨、宰牲亭、钟楼等，南为具服殿。西棂星门正对的外坛至西天门为神路，每年春分日出寅时行祭礼，文武百官相随皇帝而至。

新中国成立前，日坛成为废墟。1951年北京市人民政府将日坛扩建为占地21公顷的日坛公园。2006年5月25日，日坛作为明清时期古建筑，被国务院批准列入第六批全国重点文物保护单位名单。日坛公园西北角，埋藏着原中共北京市委书记马骏烈士，他死在追赶太阳的路上，被誉为"中华民族的光明使者"，长眠在太阳神祭坛旁，是人民给他的最高荣誉。马骏墓是北京市重点文物保护单位。

日坛公园现占地面积206200平方米，其中绿地覆盖面积173192.52平方米，绿地面积124273.36平方米，水面4700平方米，古建占地面积10357平方米，园内古树44株，为国家3A级旅游景区。日坛公园草坪下还埋藏着20世纪80年代末，朝阳区文物部门抢救回来的和硕显懿亲王富寿碑、五圣庙碑、原立于广渠门外老虎洞的康熙十五年（1676）"散骑郎加二级孝男俄塞谨立"的"皇清诰封资政大夫一等阿达哈哈番又一拖沙喇哈番佐领江宁府固山大户部左侍郎俄公碑"、原立于广渠门外八里庄村的顺治十三年（1656）朱麻喇诰封碑、康熙九年"原任都统三等精奇尼哈番加一级谥襄敏朱马喇碑文"、康熙九年（1670）"不孝男博通裁立"的朱马喇诰封碑，另有五羊纹石瓶等五供、石供桌、石柱础、石墓门等数十件石刻。

地名源流考证

日坛北天门 　　　　　　具服殿

宰牲亭 　　　　　　西棂星门与祭坛

过去老北京人有句俗语："东单、西四、鼓楼前，五坛八庙颐和园。""五坛"是指天坛、地坛、日坛、月坛、先农坛，均为明代所建，清代沿用，是明、清两朝帝王祭天、地、日、月、山川、太岁等神祇而特意建造的。"八庙"是指传心殿、奉先殿、太庙、寿皇殿、堂子、历代帝王庙、孔庙、雍和宫。这几处在封建时代都是帝王祭祀列祖列宗、神佛、历代圣贤先哲的地方。除奉先殿、传心殿在故宫紫禁城内，其余皆在城里大街小巷中。

寻找延寿宫

延寿宫位于"都城朝阳关外百余武","旧址天仙真武庙""门楹凡三,门以内东西为钟鼓楼,进为真庆门,前后正殿各若干楹,前奉天仙,后奉真武","左右又各有堂,左静默,右藏经厨库",住持为全真派李演静,迤东与"东岳神祠相错",改"天仙真武庙"为"敕建天仙护国佑圣延寿宫"的决策者为时任皇帝的明熹宗朱由校,策划人则为"乾清宫管事、御茶房牌子监督、勇士四卫营提督、御马监太监、司礼监秉笔、掌银作局印官、丰润魏学颜",参与人多为太监,建造缘由"考天仙者观音转化,逢合功成庆,兹末劫掌权衡于七十五司,惩凡恶以三十六狱,即有荒浮不逞结衅滋多者,皆得归命,接诚以摧毁罪焉!"末劫并非天意而为,正是明朝宦官专权、朝廷腐败的恶果。当女真兴起于满洲,各地农民揭竿而起,明朝政权摇摇欲坠之时,惶惶不可终日的太监们仍然妄想"天仙护国佑圣",达到为腐朽朝廷、为太监阶层"延寿"的丑恶目的。赐进士出身、光禄大夫、左柱国、少师兼太子太师、吏部尚书、建极殿大学士、知经筵日讲、制诰、奉诏特起食禄、玉牒总裁官、福清叶向高撰《增修敕赐天仙护国佑圣延寿宫碑记》。叶向高的为人,留给后人的印象就是"闻敌胆颤""搬弄是非"。但遗留至今的"敕建天仙护国佑圣延寿宫"石匾不知是出于善书的翰林院庶吉士杨维新还是钦差总督吴汝胤之手。

明代,北京建有众多的碧霞元君庙,其中最著名的五座庙号称"五顶"。《帝京景物略》载:"麦庄桥,曰西顶;草桥,曰中顶;东直门外,曰东顶;安定门外,曰北顶。盛则莫弘仁桥若,岂其地气耶!"这里没提到南顶,估计当时南顶就是弘仁桥元君庙。中顶在右安门外今丰台区南苑乡草桥北中顶村,唐代此处建有万福寺,后寺废;明天启七年(1627)在其址稍北建碧霞元君

地名源流考证

庙。到了清代,京城人多以南苑大红门外之元君庙为南顶。乾隆帝敕令撰修的《日下旧闻考》说:"大红门外碧霞元君庙,士人呼为南顶。"而弘仁桥元君庙,则被京城人称为大南顶。东顶在东直门外,俗称行宫庙,建于明代,"屋止二重",每岁四月有庙市,市集规模不大,游人稀少,且多为市郊乡民;清末,东顶庙宇年久失修,每况愈下;新中国成立后,庙宇尚残存,后为太阳宫公社生产队所用,其址约在今华都饭店处。

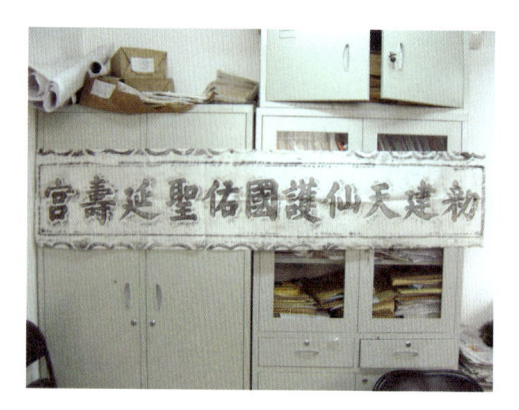

《敕建天仙护国佑圣延寿宫》石匾拓片

拓片局部

"敕建天仙护国佑圣延寿宫"石匾一度被普查队员疑为东顶或东坝天仙庙旧物。偶然查到1947年7月21日北平市《1947年第二次寺庙总登记》表天仙宫条:位于朝外大街290号,东岳庙住持张吉荫兼任住持,建于明代天启年间,原名天仙护国佑圣延寿宫,俗称天仙宫。再查朝外天仙宫,豁然开朗,民国时归东岳庙管理的天仙宫,占地三亩二分四,殿房五十五间,泥胎神像四十二尊,石碑两座,殿房外余房租赁补助东岳庙需用。说明敕建天仙护国佑圣延寿宫在清代既已俗称为天仙宫,而且从道教

增修延寿宫记

全真派演变为正一派执掌。延寿宫石碑、石匾的移存为20世纪八九十年代之事，当与朝外大街改扩建相一致，有东岳庙山门的拆毁为证。新中国成立后，随着城市的发展，像原吉市口一带与东岳庙毗邻的明代延寿宫一样，朝外大街消失的庙宇接近20座。劫难后的遗存文物，再不重视，诸如"分居"两地的延寿宫旧物，可能又会成为历史之谜了。

遗留在朝阳的元大都土城遗址

2009年8月25日，普查队来到绿树成荫、河水潺潺的元大都土城遗址公园。在登记了文物部门于20世纪末抢救出来，立于公园内的《礼部郎中索米图诰封碑》《监察御史傅色纳诰封碑》《宋郭拖诰封碑》《金布诰封碑》四通清代墓碑后，开始踏勘土城遗址工作。

至元四年（1267）忽必烈营建大都，至元十三年（1276）大都城垣建成，周长28.6公里，四隅建角楼，平面布局呈长方形。城墙基宽2.4米，与高及顶宽之比为3∶2∶1，墙体为夯土筑成，故又称土城。元大都城垣全部是黄土夯筑。今北京西北部海淀区黄亭子立有清乾隆皇帝"蓟门烟树"碑的土城台，即元大都城西垣北段遗址。土城台西侧有一条水沟，当即故元大都城的西城壕。1969年在拆除明清北京城的东、西城垣时，在城垣中心部位发现被包筑在内的故元大都城垣，城基宽24米。元大都城的城基深入自然土层达2米左右，直达生土层。为了使城垣更加牢固，在墙体中还加设永定柱（立柱）和纴木（横柱），其作用与现代建筑构件中的钢筋相仿，以增强拉力，保持城垣的整体性。夯土非常坚实，每夯土层厚6—11厘米；夯窝排列整齐，间距2—3厘米，采用梅花桩夯法。

元熊梦祥《析津志》载："世祖（忽必烈）筑城已周。乃于文明门外向东五里，立苇场，收苇以蓑城。每岁收百万，以苇排编，自下砌上，恐致摧塌，累朝因之。"但是，这些措施并未能真正防止雨水坏城。元文宗之世，天下动乱，元廷恐起义百姓燃苇焚城，遂止蓑城之举，每岁役民修补，终于在元顺帝至正八年（1348）五月又发生"大都霖雨，京城崩"的事件。直至元末，只是"西城角上亦略用砖而已"。

《元史·地理志一》大都路载：元大都"十一门，正南曰丽正（今正阳门北)、南之右(西)曰顺承(今宣武门北)、南之左(东)曰文明(今崇文门北)、北之东曰安贞(今安定门小关)、北之西曰健德(今德胜门小关)、正东曰崇仁(今东直门)、东之右(南)曰齐化(今朝阳门)、东之左(北)曰光熙(今北京东城区和平里东广熙门)、正西曰和义(今西直门)、西之右(北)曰肃清(今北京海淀区学院南路西端小西门)、西之左(南)曰平则(今阜成门)"。"东南西三面,每面各开三门,惟北面开二门。"

明洪武元年(1368),明军占领大都城后,为便于防守,将北城垣南缩约五里至今北京德胜门、安定门一线。因此,元大都北面的健德门、安贞门,以及东之北的光熙门和西之北的肃清门先后皆毁。明成祖永乐十七年(1419)为营建北京宫室、迁都北京,又将元大都城南垣向南展拓约二里。因此,大都城南面的丽正、顺承、文明三门亦被毁,齐化、崇仁、和义、平则四门则被包筑在明北京城东西城垣之中。

元大都遗址作为北京城市文明发展的见证和实物遗存,于1957年被列为北京市重点文物保护单位。2006年成为第七批全国重点文物保护单位。元大都城垣遗址公园(朝阳段)是北京城区内最大的带状公园。全长4.8公里,宽130米至160米,总占地面积67公顷。1988年3月10日,北京市人民政府批准建园并命名为"元大都城垣遗址公园"。